CHARLES BENOIST

DE L'INSTITUT

MACHIAVEL

PARIS

LIBRAIRIE PLON

LE MACHIAVÉLISME

II

MACHIAVEL

CHARLES BENOIST

LE MACHIAVÉLISME

II

MACHIAVEL

PARIS

LIBRAIRIE PLON

LES PETITS-FILS DE PLON ET NOURRIT

IMPRIMEURS-ÉDITEURS — 8, RUE GARANCIÈRE, 6°

Tous droits réservés

AVANT-PROPOS

*En publiant, vingt-sept ans après leur tome pre-
mier (1), la suite et la fin de mes etudes sur le
Machiavélisme, je ne puis m'empêcher de songer
à la cruelle mésaventure de mon défunt ami le
sénateur Oreste Tommasini. Le second volume de
son ouvrage capital était tout prêt à être livré à
l'imprimeur. Le feu, mis par mégarde à un
rideau, s'étendit à toute la pièce et devint un
incendie qui détruisit non seulement le manuscrit
de Tommasini, mais ses notes et ses références. Il
eut le courage, que je n'aurais certainement pas
eu, de recommencer son travail, dès l'origine : il
reprit une à une ses recherches, refit ses lectures,
se remit à écrire. Et, à vingt-huit ans d'intervalle,
— 1883-1911, — il en fut récompensé par la
joie d'avoir achevé sa tâche, je devrais dire d'avoir
élevé son monument.*

(1) *Le Machiavélisme.* — I. *Avant Machiavel*, Librairie
Plon, 1907.

Je n'ai pas l'ambition d'en élever ici un autre. Ce ne sont et ce ne seront que des pages à main courante, les réflexions qui seront venues à un esprit qui fut curieux, vieillissant dans la solitude, et s'efforçant de la remplir ou de la tromper, à force de méditer sur un grand livre, un grand homme et une grande histoire. Comme je l'ai annoncé en 1907, je ne me serai proposé que de comprendre, et il me suffirait d'être sûr d'avoir compris, si, surtout, je pouvais espérer d'en avoir aidé quelques-uns à en faire autant.

Pour comprendre, connaître.

Et d'abord, en partant d'où j'étais resté, ayant rassemblé les éléments de ce que j'ai appelé : « Le machiavélisme avant Machiavel, » ayant posé divers points de repère à travers la vie foisonnante de l'Italie de ces « temps forts », — « princes nouveaux », condottieri, « tyrans » de municipe, aventuriers, viragos, bâtards qui se légitiment eux-mêmes par l'usurpation du pouvoir, philosophes et lettrés qui dissertent de la politique, bourgeois qui en bavardent comme de « leur boutique », humanistes qui essaient des applications de leur savoir aux faits, conspirateurs qui imitent les « belles actions » de l'antiquité, qui chassent à la gloire jusque dans le crime, et bravent la mort par amour de l'immortalité; jours de calcul profond et de violence effrénée, où tout le monde observe, combine, complote, pérore, ose, frappe, range parmi les œuvres d'art un assassinat bien préparé et bien exécuté; — il faut maintenant montrer ce que Machiavel a fait de cette matière sur laquelle il a travaillé, « l'expérience des choses modernes, » augmentée de celle que « la fréquentation assidue » des anciens lui avait fournie, et qu'il s'est appropriée au point de lui donner son nom, de le lui laisser pour les siècles.

Il faut donc, d'abord, déterminer quelle est, en cela, sa part personnelle, isoler et définir ce qui constitue vraiment « le machiavélisme », inscrire à son compte ce qui lui appartient, rejeter ce qui n'est pas de lui, ce qui parfois même va contre sa pensée.

Mais, tout d'abord, et au préalable, si l'on veut avoir une idée juste de ce qu'est en sa réalité le Machiavélisme de Machiavel, il importe de se représenter, aussi exactement que possible, ce que fut, chez lui et à son bureau, dans le milieu que les institutions, les magistratures, les mœurs, les caractères faisaient à la République en ce moment-là, — l'un des si nombreux et si brefs moments de la fiévreuse Florence, — celui qui, pour ses contemporains et pour la postérité, fut par excellence et par monopole est demeuré « le Secrétaire florentin ».

Courseulles-sur-Mer, juin-octobre 1934.

LE MACHIAVÉLISME
DE MACHIAVEL

CHAPITRE PREMIER

LA VIE MÉDIOCRE D'UN GRAND HOMME. — « LA
LECTURE DES CHOSES ANTIQUES ». — LES
LEÇONS DE MARCELLO DI VIRGILIO.

L'enfant qui, le 4 mai 1469, fut présenté à
S. Maria del Fiore, de Florence, pour y recevoir
le baptême, était né la veille, à 4 heures, dans
une maison du « peuple » de Santa Trinità. On
lui donna les prénoms de Niccolò, Piero, Michele.
Son père était Bernardo Machiavelli, sa mère
Bartolomea Nelli, veuve en premières noces de
Niccolò Benizzi.

Les Machiavelli étaient une vieille maison qui,
s'ils n'avaient pas été feudataires et seigneurs de
Montespertoli, n'en avaient pas moins hérité, de
l'ancienne famille qui jadis possédait les fief
et seigneurie du lieu, certains droits qu'ils met-
taient un point d'honneur à exercer. Étaient-ils
vraiment de sang assez noble pour qu'on ait pu
sans trop de fantaisie les rattacher aux marquis'

de Toscane? La généalogie qui les faisait remonter au neuvième siècle comme origine connue n'était-elle pas un parchemin menteur? Ceux qui, se bornant à dire que la famille était « antique et populaire », ne leur donnent pour ancêtres que « d'honnêtes artisans » s'en tiennent-ils davantage à la vérité?

Le plus illustre ou plutôt le seul illustre de leurs fils le prenait sur un autre ton, et, dans la première lettre qui nous soit restée de lui, protestation solennelle adressée au cardinal Lopez, datée de Florence, *IIII° Nonas decembris (1497)*, *et signée : Maclavellorum familia, Piero, Nicolò et tutta la famiglia de Machiavegli cives florentini*, pour se plaindre qu'on leur ait enlevé la possession de Fagna (1), suppliant et menaçant à la fois, il fait des comparaisons hautaines. « Qui voudrait, écrit-il, peser dans une juste balance — *justo lance perpendere* — notre famille et celle des Pazzi, si en toute autre chose il nous jugeait égaux, en libéralité et en qualité d'âme, il nous jugera de beaucoup supérieurs. » Mais je traduis par « qualité d'âme » (et je ne sais si je fais bien) ce mot intraduisible dont la Renaissance italienne a tant usé et dont Machiavel usera tant : *« la virtù »*, qui veut dire tout, excepté ce que les modernes entendent par « la vertu », et cet autre mot, *« l'animo »*, qui peut signifier tour à tour ou tout ensemble « l'âme, le cœur et l'esprit ». Est-ce qu'au prélat de race espagnole il croit con-

(1) Santa-Maria di Fagna, dans le Val d'Elsa, ne venait pas des Montespertoli.

venable de parler un langage presque espagnol ; ou n'est-ce pas comme un balbutiement d'une pensée déjà « machiavélique? » Il laisse entendre et même il déclare : « Puisqu'il faut qu'à notre grand déshonneur, si votre clémence ne s'interpose pas, nous perdions ce qu'avec tant de peine nous nous sommes ingéniés à sauver jusqu'ici, de toute façon, au dommage d'autrui, nous nous ingénierons à le reprendre. » — Fais le bien quand tu le peux, mais ne fuis pas le mal quand on t'y force.

Sous l'enflure du style, le plus probable est que les Machiavegli ou Machiavelli étaient considérés comme des *Popolani* notables, des *Popolani Grassi*, dans Florence, cité de banque et de métiers, où ils étaient venus se fixer depuis longtemps, peut-être du Val de Pesa, et qu'ils ne se piquèrent que plus tard de prétentions à la noblesse châtelaine. La preuve en serait dans le nombre même des magistratures qu'ils se vantaient d'avoir remplies, alors que les nobles à château en étaient légalement exclus : cinquante prieurs, douze gonfaloniers ; et, dès 1284, ce Boninsegna, l'associé des Bardi, qui fut Prieur des arts, un an à peine après que la charge eut été instituée. Mêlés, en bons *cives florentini*, aux luttes des partis, c'étaient des guelfes qui, battus, s'exilèrent et ne rentrèrent qu'au retour des guelfes. Un des Machiavelli, Alessandro, las des agitations civiles, se retira dans la solitude, fit le voyage de Jérusalem et finit en une telle odeur de sainteté que l'Église le proclama bienheureux. Cela se passait quelque centaine d'années avant que Nicolas jetât sur la

famille le scandaleux éclat d'une autre réputation.

Parmi les aïeux authentiques du futur Secrétaire florentin, et pas trop éloigné de lui, il y en
eut un, Guido, qui, dans le tumulte des
Giompi (1378), fut l'un des soixante-quatre che-
valiers créés par la plèbe; il y en eut un autre,
Girolamo, rebelle, proscrit, captif, presque
martyr; il y en eut plusieurs qui, semble-t-il, se
rangèrent, contre l'opulence entreprenante et
l'ambition croissante des Médicis, du côté de la
liberté, qui peut-être risquèrent leur vie pour
elle. Le trait dominant de la lignée paraît justement avoir été une préférence commune, sinon
pour ce que nous appellerions aujourd'hui ou
ce que nous aurions appelé il y a cinquante ans le
« libéralisme », du moins pour les formes et les
formules, les mœurs et les façons du gouvernement populaire.

Seulement, les Machiavelli mettent le plus
souvent grande prudence dans l'expression de
leurs opinions; et ils en ont une raison très forte.
Sans être absolument pauvres, ils ne sont pas
riches. Un peu à l'étroit au foyer où ils sont nombreux, cette *res angusta domi* leur clôt la bouche.
Le propre père de Nicolas, Bernardo, était juris-
consulte et trésorier de la Marque. Comme il
avait besoin de ses appointements, tout en pensant des hommes et des affaires ce qu'il en pensait,
il avait appris à se taire sur les uns et sur les
autres. On le soupçonne aussi de s'être rendu
compte qu'il eût été, dans la plupart des cas,
inutile et, dans plus d'un, dangereux de protester.

Nicolas, qui devait, lui, ne pas se taire toujours,
fut pourtant élevé à cette école où le silence passait pour le commencement de la sagesse ; il s'y
forma à la réflexion, se contraignit à se replier,
s'habitua à regarder et à vivre en dedans. Il en
garda l'empreinte d'une sorte de retenue ou de
discrétion, non exempte, sur un point, de quelque
gêne. Lui-même conviendra plus tard qu'il
répugne aux confidences qui le toucheraient ou
toucheraient les siens. C'est pourquoi, des siens
et de lui-même, on ne sait en somme qu'assez
peu de chose, et encore ne le sait-on qu'assez
mal.

Le premier et le principal document qu'on
ait sur la situation matérielle de la famille, —
postérieur de moins d'un an à la supplique au
cardinal Lopez, premier écrit connu du futur
auteur du *Prince,* — est la déclaration du père
de Nicolas devant les officiers du « cadastre »
(traduisons, par à peu près, de l'impôt sur le
revenu) pour 1498. Honnêtement, nous devons
le croire de la part d'un citoyen aussi recom-
mandable et aussi timoré, « Messer Bernardo
di Nicholò di Boninsegna Machiavegli, du
« peuple » de Santa Felicità (1) de Florence »,
déclare aux contrôleurs du quartier de San Spirito qu'il possède, sous neuf chefs, en maisons
de ville et biens de campagne, un revenu
(disons global) de 132 florins *di suggello,*
16 sous, 10 deniers ; soit 110 florins *larghi,*

(1) Et non de Santa Trinità, comme dans l'acte de baptème
de Nicolas.

14 sous ; taxé, pour la Dîme, à 11 florins, 1 sol, 5 deniers.

Telle était la situation de fortune de Messer Bernardo Machiavelli l'année même où Nicolas, qui aurait à partager un jour avec son frère Totto, allait entrer dans les fonctions qu'il devait immortaliser. Et telle serait encore la situation personnelle de Nicolas, mis en possession d'une moitié comme héritier de Messer Bernardo son père, et venu en possession de l'autre par lod passé entre lui et son frère Totto le 21 juin 1508. Malgré l'étendue de ses besoins et la médiocrité de ses ressources, il n'y avait point touché ; elle était entière, lorsque, le 2 mai 1511, la mutation fut faite sur les rôles, du compte de Bernardo au compte de Niccolò Machiavelli (1). Même après la disgrâce et quand la gêne approcha de la misère, il n'y toucha pas davantage ; cette espèce d'orgueil et presque de pudeur de la propriété qui souffre d'une vente de terre comme d'une diminution morale, la fierté du nom, sauva le bien de famille ; et c'est ce bien toujours intact qui, Nicolas étant mort en 1527, sera de nouveau « muté », en 1534, au compte de ses enfants, que pourtant, à les en croire, il laissait « dans une extrême pauvreté » (2).

Mais restons pour l'instant en 1498. Nicolas a

(1) En vertu d'une décision des officiers du Mont de la Commune de Florence du 15 avril précédent, ladite délibération portant que Nicolas bénéficierait, comme l'avait fait Bernardo, son père, du « dégrèvement des bouches ».

(2) Lettre de Piero Machiavelli à Francesco Nelli, du 22 juin 1527, pour annoncer la mort de son père survenue le même jour, si toutefois cette lettre doit être considérée

vingt-neuf ans. Depuis quatre ans, depuis 1494,
il travaillerait (mais ce n'est pas très sûr) à la
seconde chancellerie de la Commune, sous la
direction (ce n'est pas très sûr non plus) du
fameux lettré Marcello di Virgilio Adriani, et ce
voisinage soulève uue question demeurée jusqu'ici en suspens : dans quelle mesure Machiavel
lui-même fut-il « un lettré » ? (1). On doit tenir
pour certain — tous ses ouvrages et tous les
chapitres de ses ouvrages en font foi — qu'il
savait à fond le latin ; sa prose, sa pensée même
sont latines ; mais savait-il aussi le grec, et, s'il
en savait un peu, qu'en savait-il? Le lisait-il
seulement? On a voulu le conclure de quelques
rapprochements ou rencontres de textes. Mais
rien n'est établi ni pour ni contre ; les meilleures
raisons paraissent plutôt contre. Un petit problème plus intéressant serait de déterminer ce
qu'en entrant au bureau et pour ainsi dire à
l'école de Marcello di Virgilio, Machiavel allait
emprunter, par l'étude, à l'esprit classique de
l'humanisme, et ce qu'il allait, par l'observation,
y ajouter d'esprit moderne ; comment il allait
assouplir la discipline et la plier à la pratique ;
nourrir l'abstraction et la remplir de réalité ;
reprendre, dans l'histoire des temps héroïques,
considérée comme milieu naturel, comme air
du pays natal, les hommes morts et les choses

comme authentique. — *Lettere familiari di N. Machiavelli,*
édit. Ed. Alvisi, Firenze, Sansoni, 1883, CCXXIX, p. 530.

(1) L'historien de Florence Benedetto Varchi, qui ne veut
pas de bien à Machiavel, dira de lui qu'il était « plutôt non
illettré que lettré ».

mortes, ériger les actes et les faits en modèles et en exemples, et de la substance romaine s'efforcer de refaire une vie italienne.

Avant d'être entré au bureau, avant de s'être mis à l'école de Marcello di Virgilio, il se pourrait que Nicolas n'eût appris dans les écoles que « les lettres et la musique ». C'est du moins ce qu'on peut induire des directions qu'il donnera plus tard à son fils Guido. Mais, par « les lettres », il faut entendre sans doute « un peu de lettres », les éléments des « lettres » ; et pour « la musique », tout le monde, à Florence, n'en poussait pas l'amour jusqu'à la manie furieuse, comme le faisait Messer Giovanni Cellini, le fantasque père de Benvenuto.

Indemne encore ou non de la rage d'écrire, déjà auteur ou non de quelques essais timides et obscurs, Machiavel se serait donc trouvé placé, en 1494, à vingt-cinq ans, sous les ordres de Marcello di Virgilio, si celui-ci, ainsi que le veut M. Luigi Passerini, était vraiment, à cette date, chef de la Seconde Chancellerie, d'où il serait passé, quatre ans après, à la Première, où son élève lui aurait succédé (mais il y a là peut-être quelque confusion). En tout cas, Marcello, plus âgé que Nicolas, de quatre ou cinq ans suivant certains textes, de sept ans suivant d'autres, professait alors publiquement la littérature latine et la littérature grecque. La réputation personnelle qu'il s'était ainsi acquise s'ajoutait au bon renom dont jouissait dans Florence la famille Adriani, à laquelle il appartenait. Il y était tenu, chez les gens d'étude, pour prodige d'érudition autant que pour une merveille d'éloquence, et, en attendant l'occasion de faire ses débuts dans le discours officiel (qui fut la remise du bâton de commandement au condottiere Paolo Vitelli), il fignolait et enluminurrait de tous les artifices de la rhétorique ses annonces d'ouverture : *Nil admirari; Sopra Democrito ed Eraclito; De puerperio et obstetricio Socratis*. C'est justement à cause de son érudition que, en février 1498, il fut élevé au poste de Chef de la Première Chancellerie, en remplacement de Bartolomeo Scala; parce que ses lettres avaient beaucoup de succès; qu'il était « bien lettré en grec et en latin », et qu'à trente-quatre ou trente-six ans, — ce qui était encore la jeunesse, — il donnait des lectures publiques sur ses humanités. Par ces raisons, que nous a transmises Parenti, on voit confirmer ce que nous avons dit ailleurs (1) du rôle des humanistes comme secrétaires des Princes ou des États, à mi-chemin entre la littérature et la politique, d'abord plus occupés de la littérature, puis, par un mouvement auquel Machiavel lui-même devait imprimer l'impulsion décisive, de plus en plus attirés et attachés à la politique.

Pour Marcello di Virgilio, quels que fussent ses propres mérites, on a très exactement noté que son titre imprescriptible aux yeux de la postérité reste d'avoir été comme un livre ouvert devant cet auditeur avide de s'instruire qui chaque jour y lisait. Quoiqu'il y ait peu de

<hr>

(1) Voy. *Le Machiavélisme*, t. 1er, p. 338.

traces qu'une amitié particulière ait uni le maître et le disciple, et que plutôt leurs caractères, leurs opinions, leurs sentiments différassent grandement, l'influence des leçons de Marcello sur l'esprit de Nicolas fut certaine et profonde. Le plus clair de ce que Nicolas sut jamais en fait de lettres anciennes, que ce fût du latin ou du grec, ou du latin seulement, peut lui être venu de Marcello, ou par lui, ou grâce à lui. Il en était à ce point de parfaire son éducation, lorsque, le 15 juin 1498, quatre mois après que Marcello di Virgilio eut été nommé à la Première Chancellerie, lui-même fut désigné pour la Seconde, sur la révocation du titulaire, Ser Alessandro Braccesi. Trois concurrents lui disputaient l'emploi : Francesco, fils d'Angelo Gaddi ; Ser Andrea, fils de Lorenzo Filippo Romuli ; Ser Francesco, fils de Ser Francesco Baroni. Sorti avec eux du scrutin du Conseil des Quatre-Vingts, il les avait battus, à la majorité des fèves noires, dans le Grand Conseil, et finalement il emportait la place, pour le temps qui restait à courir à Ser Alessandro, et avec le même salaire.

Aucun de ses rivaux de carrière n'a laissé de nom ni d'œuvre. Pour ce qui est de Machiavel lui-même, on n'a jamais prêté à sa jeunesse que deux ou trois compositions, et on les lui a prêtées plus ou moins gratuitement, car il n'est pas sûr qu'elles soient de lui, ou, si elles sont de lui, qu'elles soient de la période qui a précédé sa maturité. *L'Allocution à un magistrat* et le fragment de la traduction de l'*Historia persecu-*

tionis vandalicæ de Vittorio Vitense, dont les manuscrits ont été conservés, ne sont point de sa jeunesse, la paléographie elle-même le démontre; le *Discours sur la langue* n'est pas de lui : sa fervente admiration pour Dante lui en eût interdit l'irrévérence. En 1498, Nicolas, qui cherche encore sa voie dans les lettres, n'a pas d'ailleurs pris de parti bien net dans la politique. C'est par une erreur de personne qu'on a dit qu'il avait dû sa faveur à ses accointances avec la faction de Savonarole. Le Niccolò Machiavelli dont on a trouvé le nom sur la liste de la secte n'était point lui, Niccolò di Bernardo, mais son cousin, Niccolò di Alessandro. Il est possible qu'il ait mis à contribution le crédit de ce parent auprès des amis du Frère, mais ce fut de sa part jeu et calcul, non point affirmation d'une foi qu'il n'avait point, témoignage d'un zèle auquel ses goûts, ses penchants et probablement ses mœurs répugnaient. Plutôt que parmi les *piagnoni,* bigots et bougons, sévères et austères, il faudrait le ranger parmi les *compagnacci,* les « mauvais garçons » qui ne voulaient pas, tout républicains qu'ils étaient, que le Palais et la Cité fussent réduits à la règle d'un couvent. La lettre, très piquante, à Ricciardo Bechi, du 8 mars 1497 (1498), dont on possède la minute, lettre où éclate un si extraordinaire don de vie qu'on entend pour ainsi dire la parole du prédicateur, montre bien que notre Machiavel n'a jamais été dupe des prestiges de ce lyrisme prophétique. Il a même, sur le prieur de Saint-Marc, un mot terrible : *« le sue bugie, »* écrit-il, et on ne peut traduire en français que par « ses mensonges » ou « ses bourdes », mais on traduirait mieux en argot par « ses blagues ». Néanmoins, il était trop curieux de toutes nouveautés pour n'avoir pas été assidu aux prônes où se ruait la foule, et cette même lettre à Ricciardo Bechi nous avertit que son correspondant avait eu « la copie » de deux au moins des sermons précédents.

Curiosité, oui, pas davantage. Les temps sont incertains. Le Frère, tout le premier, n'est pas tranquille sur les intentions à son égard de la nouvelle Seigneurie qui vient d'être créée; il en craint beaucoup de tracas et prend quelques précautions. Machiavel, qui est fonctionnaire, en mal de candidature et en passe d'avancement, se garde de se compromettre. C'est trois mois plus tard, le 15 juin, vingt-deux jours seulement après le supplice de Savonarole, qu'il va devenir, pour la Seconde Chancellerie, l'élu du Grand Conseil, et c'est un mois encore après cette élection, le 14 juillet, que, déjà Chancelier, il va être invité à servir « jusques et pendant tout le mois d'août » dans les bureaux des *Dix de liberté*, « sous peine de l'indignation des Seigneurs et Collèges ».

On aimerait savoir (et les registres consultés nous le révéleraient, mais les historiens ne le disent pas) quels étaient à ce moment précis ces « Dix de liberté et de paix » que Nicolas qualifiera, si généreusement et si gratuitement dans tous les sens du mot, de « Magnifiques Seigneurs ». Nous savons pourtant que la nouvelle Seigneurie, entrée en fonctions le 1er mai, était hostile au Frère, et avait pour gonfalonier de justice Veri de Médicis (1). Mais, à défaut de renseignements sur les personnes, contentons-nous de quelques indications sur la magistrature elle-même. Il est très difficile de parler des institutions de Florence sans commettre d'erreurs, tant les transformations en furent fréquentes, et tant ces changements se succédèrent avec rapidité, si bien qu'on ne peut jamais être assuré qu'à des moments différents, mais souvent fort rapprochés, le même nom couvre la même chose. En somme, voici, pour les Dix, ce qu'il nous semble permis de retenir.

La magistrature des Dix, au dire de Donato Giannotti (2), qui reste la meilleure source pour l'histoire constitutionnelle de la République, est des plus anciennes ; elle existait déjà et dirigeait les affaires de l'État au temps où Florence guerroyait, à son grand péril, contre les ducs de Milan. Mais elle était alors intermittente ; on ne la créait qu'en cas de besoin, c'est-à-dire qu'on ne la créait qu'en temps de guerre, et qu'on ne la créait point en temps de paix. « Néanmoins, jusqu'à Cosme le Vieux de Médicis, on l'appela les « Dix de liberté et de paix » ; ensuite on en changea le nombre et le titre, puisqu'au lieu de dix on désignait huit citoyens et qu'au lieu des « Dix de liberté et de paix » on les appela « les Huit de Pratique ». (Le mélange de deux insti-

<hr>

(1) J. NARDI, *Istoria della città di Firenze*, livre II, ch. XXXVI.
(2) *Discorso intorno alla forma della Repubblica di Firenze*, édit. de F.-L. Polidori, Le Monnier, 1850, vol. I, p. 35 et suiv.

tutions, qui parfois coexistèrent séparées, n'est pas fait pour rendre plus claires leur origine et leur histoire.) Cette magistrature empruntait son autorité à la Seigneurie; et sa compétence était étendue, car elle gouvernait toutes les affaires de l'État. Il lui appartenait de négocier avec les princes, de conclure un accord, de porter une loi, soit en vue de la guerre, soit en vue de la paix; et, quand il fallait faire la guerre, d'y pourvoir en prenant à solde capitaines, infanterie et gens d'armes; s'il fallait passer une *condotta*, disons, en langage moderne, s'il fallait « louer » ou « engager » un gouverneur ou un capitaine général, c'était l'office des Dix de les choisir, selon les capacités qu'ils possédaient et les garanties qu'ils présentaient; lorsque les Dix avaient fixé leur choix, à eux encore de négocier et de régler les conditions. Mais ce n'était pas assez qu'elles fussent arrêtées, et la *condotta* n'était pas, par là même, tenue pour faite. Elle devait être confirmée par le conseil des Quatre-Vingts, de telle sorte que cette *condotta* apparût comme conclue par les Quatre-Vingts, non par les Dix, et que, de là, la personne du condottiere désigné tirât plus de réputation et d'honneur. Afin que la Cité fût toujours pourvue d'hommes de valeur pour s'en servir en temps de guerre, c'est aux Dix qu'il appartenait de donner provision à tous ceux qu'il leur semblait bon. Les forteresses de tout le domaine étaient soumises à leur gouvernement; il était donc de leur office d'y mettre des garnisons de soldats et de les tenir pourvus d'artillerie, de poudre, de toute autre sorte de munitions, et de bombardiers. Pour que la Cité eût de toutes ces choses en abondance, elle entretenait des hommes qui fondaient des canons, d'autres qui préparaient les salpêtres, d'autres qui fabriquaient la poudre, d'autres les chariots.

A ces soins étaient spécialement députés deux membres de la Magistrature. Elle avait le droit de déléguer par tout le territoire des commissaires particuliers, et aussi de donner mandat de commissaires aux fonctionnaires qui s'en allaient remplir un devoir de leur charge. Après quoi, s'il était nécessaire, pour quelque objet important, d'envoyer quelqu'un tout exprès, les Dix élisaient l'homme qui convenait et lui donnaient leurs instructions. Les Ambassadeurs et les Commissaires généraux se faisaient dans le Conseil des Quatre-Vingts ; quand, ensuite, ils allaient accomplir leur mission, la Seigneurie leur commandait de correspondre avec les Dix et d'exécuter les ordres qu'ils recevraient d'eux. Les ambassadeurs allaient donc, avant leur départ, prendre les instructions de cette magistrature ; et puis, lorsqu'ils étaient au dehors près des princes, ils lui écrivaient tout ce qui se passait, et accomplissaient tout ce qui leur était écrit par elle en réponse. L'autorité en était pour ainsi dire absolue, puisqu'elle pouvait déclarer la guerre, conclure la paix et faire ligue avec qui elle le jugeait bon ; néanmoins elle n'en usait pas, parce que sa responsabilité eût été trop lourde, si quelque délibération prise par elle seule eût tourné mal. C'est pourquoi, dans les cas douteux, elle consultait la *Pratica*. »

Ce qu'était la *Pratica*, nous aurons sans doute à le dire un peu plus loin. Mais notre dessein n'est pas de faire un exposé théorique des institutions de Florence, considérées en elles-mêmes, dans leur ensemble et leurs détails. Elles ne nous intéressent ici que par rapport à la carrière, à la pensée, à l'action, à l'œuvre de Machiavel. Si nous nous occupons de ces Dix, dont les noms mêmes ont depuis longtemps péri, nous en avons une raison, mais nous n'en avons qu'une : c'est que Nicolas, on l'a vu, avait été, pour ses débuts, impérativement invité à se mettre à leur service, « sous peine de leur indignation ». Il n'est plus alors un simple particulier, mais (la note sur le registre des Seigneurs et des Collèges en porte mention) le « Chancelier » de la Seconde Chancellerie, et il devient donc intéressant pour nous de rechercher quelles étaient d'une part les attributions de ce bureau, de l'autre la situation du Chancelier.

La « Provision pour la Réforme de la Chancellerie » du 13 février 1497 (1498), introduite dans le Grand Conseil par le Chancelier des Réformations Niccolò Altoviti, sur l'ordre des Prieurs de Liberté et du Gonfalonier de Justice du Peuple florentin (lesquels étaient alors Niccolò Antinori, Francesco Del Pugliesc pour le quartier de Santo Spirito, Francesco Salvetti, Benedetto Leonardi pour le quartier de Santa Croce, Scolatio Spini, Alessandro Acciaiuoli pour le quarter de Santa Maria Novella, Battista Pandolfini, Luca de' Albizzi

pour le quartier de San Giovanni, enfin Francesco
Salviati, également du quartier de Santa Croce,
membres, tous ou presque tous, de familles aris-
tocratiques), cette espèce de réforme administrative, comme nous dirions aujourd'hui, réglait
ainsi pour l'avenir le mode et la forme de l'élection des Chanceliers et de leurs coadjuteurs :

« L'élection de tous les Chanceliers et coadjuteurs ci-dessous désignés se fera dans le Conseil
des *Richiesti,* transcription officielle du nom :
Conseil des Quatre-Vingts, qui était le terme vulgaire (de même à Venise, les *Pregati* ou *Pregai*) :
c'était, pour faire rentrer, en les forçant un peu,
les institutions de ces temps lointains dans les
cadres de notre régime parlementaire, une sorte
de Sénat. Pour chaque emploi à pourvoir, chacun
des Quatre-Vingts peut librement proposer qui il
lui plaît, nonobstant toute prohibition ou défense ;
tous les noms ainsi prononcés doivent être mis
aux voix ; et ceux qui obtiennent la moitié des
fèves noires plus une, au nombre de quatre au
moins, sont, dans le secret gardé sous la foi
du serment, communiqués au Grand Conseil qui,
après en avoir reçu pleine connaissance, vote à son
tour et déclare élu le candidat dont le nom aura
réuni, à ce second scrutin, encore la moitié plus
une des fèves noires. L'office est conféré pour
deux années à dater du jour de l'élection ; mais,
au bout de ces deux ans, le titulaire peut être,
dans le mois qui précède l'expiration de son
mandat, confirmé, pour un an et d'année en
année, par le Grand Conseil, à la majorité des
deux tiers des membres présents, avec trois

jours de scrutin et pas plus de trois scrutins par jour.

« Tout ce que feront, dans l'exercice et pendant la durée de leurs fonctions, ceux qui auront été de la sorte régulièrement élus, aura force et vigueur, vaudra et sera observé, emportera foi et créance entière, comme s'il avait été fait par notaire public, immatriculé dans *l'arte*, dans la corporation des juges et notaires de Florence.

« Pareillement, les Chanceliers proposent leurs coadjuteurs, qui sont nommés, eux aussi, par le Grand Conseil à la majorité absolue des fèves noires.

« Les emplois de Chancelier qui, selon les dispositions de la présente loi du 13 février 1497, devront être dans l'avenir pourvus à chaque vacance, et ceux de coadjuteurs, sont les suivants, avec les salaires qui y correspondent :

1° Le poste du Premier Chancelier, c'est-à-dire le poste où servait Messer Bartholomeo Schala (1) et auquel est attribué un salaire annuel de 330 florins.

Il aura un coadjuteur, à élire en cas de vacance, comme il est dit ci-dessus, avec un salaire annuel de 80 florins, à commencer par qui est à présent en fonctions.

2° Le poste du Chancelier de la Seconde Chancellerie, c'est-à-dire où servait Ser Antonio di Mariano Muzzi. Il y sera attaché un salaire annuel de 200 florins. Le Chancelier aura deux

____

(1) Bartolomeo Scala.

coadjuteurs, à élire comme il est dit, et dont le premier touchera 96 florins, le second 60... »

La Provision continue ainsi en ce qui concerne le Chancelier des Réformations et ses quatre coadjuteurs, le Chancelier des Traites et ses trois coadjuteurs, puis elle passe aux deux Secrétaires de la Seigneurie ; c'est-à-dire l'emploique remplissait Ser Alessandro Braccesi, avec un salaire de 192 florins par an ; et la place qu'occupait Ser Antonio della Valle, avec un salaire annuel de 100 florins. Suivent des prescriptions quant à la manière dont seront payés ces traitements, sur la caisse du Mont, sans autre assignation, « au mois, à raison de quatre livres de gros par florin, avec la retenue de neuf deniers par livre, et pas plus ni autrement. » C'était un honneur, et dans une certaine mesure un bénéfice que d'être nommé à ces emplois ; mais c'était aussi une charge, qu'on ne pouvait refuser sans payer l'amende : un florin d'or pour les Chanceliers, un demi-florin pour les coadjuteurs ; encore fallait-il s'excuser dans les quatre jours. Il y avait incompatibilité avec tout autre office, à l'intérieur ou à l'extérieur, pendant toute la durée des fonctions.

Ici se pose devant nous encore un petit problème, qui avait arrêté déjà notre ami très regretté, le plus érudit et le plus minutieux des biographes de Machiavel, le sénateur Tommasini. Le procès-verbal du 15 juin 1498 est formel : Machiavel est élu à la « Seconde Chancellerie » en remplacement de Ser Alessandro Braccesi. Mais le texte de la Provision pour la réforme n'est pas moins net, et il en résulte que le précédent titulaire de la Seconde Chancellerie n'était pas Ser Alessandro Braccesi, mais Ser Antonio Muzzi. Ser Alessandro Braccesi, d'après le même texte, aurait été en réalité l'un des deux secrétaires de la Seigneurie. Toutefois on fait observer que tel ou tel de ces emplois de Chanceliers et de coadjuteurs était demeuré vacant depuis un certain temps; de là, par conséquent, quelque désordre, du provisoire, des situations de fait, et pour nous la possibilité de concilier les différences et de résoudre les difficultés; d'autant plus que si, à l'acte du 15 juin, Nicolas figure comme élu à la Seconde Chancellerie, c'est encore en sa qualité de Chancelier que, par la délibération du 14 juillet, il lui est ordonné de servir près des Dix de liberté. Quoi qu'il en soit, l'équivoque de ces débuts ne fut jamais tout à fait dissipée : nous verrons nommer Machiavel tantôt « Chancelier » et tantôt « Secrétaire », « Secrétaire et Mandataire florentin », « Secrétaire des très hauts Seigneurs », « Principal Secrétaire florentin », ou, après Marcello Virgilio qui garde la prééminence, désigné par cette mention : « Aussi Secrétaire de la République florentine; » mais il y a probablement là-dedans beaucoup de compliments et defaçons à l'italienne.

Chef de la Seconde Chancellerie de Florence ou Secrétaire de la Seigneurie, Machiavel aurait reçu, comme appointements, dans le premier cas, 200 florins, dans le deuxième, 192, l'écart est minime. Si nous admettons, pour la conversion du florin en lire, le rapport de un à douze, et pour la conversion en monnaie moderne, à son pouvoir d'achat, le rapport de un à quatre (qui est faible), ce traitement aurait donné à son bénéficiaire l'équivalent, dans le premier cas, de 9 600 francs, et dans le second, de 9 216 francs d'aujourd'hui, ou plutôt d'avant 1914 (1). Mais il est bien entendu que cette évaluation reste un peu approximative et hypothétique. En la tenant pour assez satisfaisante, c'étaient, je crois, avant la guerre à peu près les appointements d'un de nos chefs de bureau. Et, si maintenant nous supposons que le patrimoine de Machiavel était libre de toute autre charge que l'impôt (soit, au même tarif de conversion, 530 francs environ), c'était environ 6 000 francs qu'il pouvait, de ses ressources personnelles, ajouter au produit de son travail. Il disposait donc, au total, d'une quinzaine de mille francs par an, ce qui, en aucun temps, n'a été l'opulence, mais ce qui, même aujourd'hui, ne serait pas « la misère ». Dès le premier jour de la vie d'homme de Machiavel, nous en avons la note : une honnête médiocrité avec des moments de gêne, quand augmenteront ses obligations privées, quand disparaîtront ou diminueront ses émoluments, quand se feront attendre le paiement de ses honoraires ou le remboursement de ses avances.

Mais justement il est en âge de fonder son

---

(1) Avant le franc à quatre sous. Je ne donne qu'avec toute sorte de réserves, et sans m'y attacher très fort, cette conversion en langage moderne.

foyèr, de construire sa maison. Lorsqu'il est nommé à la Seconde Chancellerie, il a vingt-neuf ans; il en a trente et un, lorsqu'il perd son père, le 19 mai 1500, et qu'il se trouve seul, sa mère étant morte auparavant, le 11 octobre 1496; il en a trente-trois, lorsqu'en 1502 il épouse Marietta Corsini. D'elle, non plus que de ses parents à lui, non plus que de lui-même, en dehors de sa vie publique, nous ne savons pas grand'chose; elle était fille de Lodovico et d'une Cambioni, qui était fille de Francesco; orpheline, au moins de père, dès 1497. Ceux des biographes de Machiavel qui ont voulu à tout prix se faire une idée d'elle, ont déduit de maintes correspondances qu'elle eut « un caractère remarquable, un esprit perspicace, une dot, de l'amour pour son mari, des soins attentifs pour sa famille ». Nicolas, de son côté, aurait eu pour elle la plus grande estime, la plus grande confiance en elle; la preuve en est que, l'instituant tutrice et curatrice de ses enfants, il la dispensa par son testament de l'obligation de rendre des comptes. Néanmoins, de méchantes langues ont insinué que c'est à la Marietta que Nicolas a pensé en écrivant sa fameuse nouvelle de « Belfagor archidiable », qui, envoyé par Pluton en ce monde avec ordre de prendre femme, y vint, la prit, et, n'en pouvant souffrir la compagnie, aima mieux s'en retourner en enfer que de réintégrer le domicile conjugal. On a eu vite fait de le dire, mais souvent dire trop vite c'est médire, et souvent médire c'est calomnier. Rien n'autorise à affirmer que Machiavel, en contant l'histoire

d'une femme acariâtre qui met en fuite le diable
même, ait conté sa propre histoire. Les indications, quoique assez rares et très vagues, sont
plutôt en sens contraire, et s'il n'eut pas envers
Marietta tous les torts dont il s'est vanté par for-
fanterie polissonne, on peut croire pourtant que
probablement il lui donna contre lui plus de
griefs qu'il n'en eut jamais contre elle. Pour
reconstituer cette image effacée, nous n'avons
guère que quelques passages des lettres de Biagio
Buonaccorsi, l'employé et le confident de Machiavel à son bureau ; mais ce n'était pas la faute
de Marietta si le compère avait la plume égrillarde.
En revanche, il ne faut pas vouloir trop conclure
de la diligence qu'en bonne ménagère elle
apporte à envoyer à son mari en voyage des che-
mises et des mouchoirs, ni de sa sollicitude pour
sa fillette malade, ni même de ses déclarations à
distance, à propos du garçonnet qui vient de lui
naître, si blanc de peau, si chevelu qu'on dirait
un velours, noir comme un petit corbeau, mais
qui, assure-t-elle à Nicolas, « me paraît beau,
puisqu'il vous ressemble ». Quant à l'éducation
de ses enfants, surveillée par elle pendant les
longues et fréquentes absences du père, à en
juger par les résultats, il y aurait eu fort à reprendre. En somme, figure effacée, sans doute
parce que ses traits ne faisaient pas type : une
femme, sinon comme elles sont toutes, du moins
comme il en est beaucoup. Outre ses qualités,
ne fussent-elles que négatives, elle avait « une
dot », qui venait encore arrondir d'une quantité
que nous ne connaissons pas les quinze mille

livres de rente ou leur équivalent que Machiavel tirait de sa place et de son patrimoine. Trop faible dot et supplément trop mince, car, pour des raisons qui ne sont pas toutes imputables à la dissipation de l'un ni au défaut d'ordre de l'autre, dans le ménage l'embarras se montra tout de suite. Et tout de suite commença le supplice quotidien d'une médiocrité qui ne fut jamais que mal dorée, d'autant plus insupportable qu'elle s'accompagnait du sentiment très vif, et à chaque occasion avivé encore par les événements, d'une supériorité à laquelle ou l'on marchandait les moyens, ou l'on ne donnait pas son emploi. En ce monde où tout homme et toute chose prennent leur valeur de leur comparaison, la mesure de ce que peut faire souffrir à un esprit supérieur sa condition médiocre n'est-elle pas précisément la conscience même de ce que peut manquer ou gâter un esprit médiocre dans une condition supérieure?

CHAPITRE II

MACHIAVEL FONCTIONNAIRE. — « L'EXPÉ-
RIENCE DES CHOSES MODERNES ». — LA
SECONDE CHANCELLERIE DE LA RÉPUBLIQUE.
— LES LÉGATIONS.

La condition de Machiavel était médiocre. Sa
fonction était non point subalterne, mais
secondaire, et la Deuxième Chancellerie n'était
pas seulement la deuxième par son numéro.
Quoiqu'elle fût peut-être chargée de plus
d'affaires, c'était de plus petites affaires, et
d'ordre plutôt administratif : une sorte de direction au ministère de l'Intérieur. D'après M. Villari, la Première Chancellerie était celle des
Seigneurs, et l'homme qu'elle avait à sa tête
était celui à qui appartenait en propre le titre de
Secrétaire ou Chancelier de la République. La
Seconde Chancellerie, celle des Dix, dont il ne
faut pourtant pas méconnaitre l'importance,
aurait, en une certaine mesure, dépendu de la
Première. (Mais là-dessus, et en général sur la
division du travail entre les deux bureaux, bien
des auteurs se sont gardés d'être aussi affir-
matifs que M. Villari.) Les Dix, ainsi que nous

l'avons rappelé en citant le texte même de Donato Giannotti, traitaient des choses de la guerre et avaient compétence pour ce qui concernait le gouvernement intérieur de Florence; pour l'extérieur, ils envoyaient bien des ambassadeurs et correspondaient avec eux; mais en cela ils se trouvaient comme unis et même subordonnés aux Seigneurs. M. Villari ajoute que la Seconde Chancellerie recevait souvent des ordres de la Première, et que, quand on n'avait pas procédé à l'élection des Dix, ce qui est arrivé plusieurs fois, les deux Chancelleries n'en formaient presque qu'une seule, sous la direction du Premier secrétaire, ou plus exactement du secrétaire de la Première.

Quoi qu'il en soit, — et rien ne paraît absolument certain, — l'office très honorable de chef de la Première Chancellerie avait été, dans la suite des temps, occupé tour à tour par les lettrés les plus en renom, tels que Poggio Bracciolini, Leonardo Aretino, Bartolomeo Scala, Marcello di Virgilio Adriani. A la Seconde Chancellerie s'étaient succédé, depuis 1441, Giovanni Guiducci, à deux reprises Ser Antonio di Mariano Muzzi (1), Ser Niccolò di Michele di Feo Dini; enfin Ser Francesco Gaddi, tous noms moins connus ou obscurs. C'est le poste que vint occuper Machiavel, au commencement de l'été de 1498.

Si le titre bien sonnant de Chancelier de la République était plus spécialement attaché à la

____

(1) Le même sans doute que M. Villari appelle « Antonio di Maria Nuti », par une mauvaise lecture de la Provision de réforme du 13 février 1498.

direction de la Première Chancellerie, quelle était au juste la qualité que l'on devait officiellement donner au fonctionnaire chargé de la Seconde? La plus fréquemment attribuée à Machiavel, et sous laquelle il appartient à l'histoire, est à la fois brève et superbe : « le Secrétaire florentin » ; mais elle est aussi vague et vaine : il est bien difficile de préciser. La Provision pour la réforme, du 13 février 1498, maintient et mentionne expressément un emploi de « Chancelier de la Seconde Chancellerie » ; par le scrutin du 15 juin, même année, Niccolò di Bernardo Machiavelli, notre Nicolas, est « élu pour cette Seconde Chancellerie » ; et le 14 juillet, quand il est mis à la disposition des Dix de liberté, il est désigné comme « chancelier des Seigneurs. » Un peu plus tard, ce titre lui-même s'amplifiera, mais se délaiera, dans les actes publics, en ceux de « chancelier et officier de nos très hauts Seigneurs » ou de « chancelier et officier de la Seconde Chancellerie de Leurs Seigneuries ».

Où chercher un titre officiel, sinon dans la correspondance officielle? Ceux-là du moins doivent le connaître sûrement, pour le service de qui il a été conféré. Or les *Priores libertatis* et le *Vexillifer justitiæ*, écrivant à Machiavel, adressent ordinairement leurs envois en latin : *Secretario nostro et civi carissimo*, ou, en langue vulgaire, *Segretario et cittadino nostro*. Par des tiers il est qualifié de *Secretario de' nostri eccelsi Signori*. Jusque dans ce qu'on appellerait aujourd'hui ses lettres de mission ou ses lettres de créance, c'est le nom qu'on lui donne le plus souvent :

Mittimus nuntium nostrum N. M. civem et secretarium nostrum. Le titre « notre Secrétaire » apparaît ainsi vingt-quatre fois sur vingt-sept ou vingt-huit dans les quatre volumes des *Legazioni*. Néanmoins Machiavel est, par les Dix eux-mêmes, nommé une fois *nostro cancelliere et officiale* et deux fois, par d'autres, *Cancelliere et officiale. di loro signori* ou *cancelliere de' nostri signori*. Une fois aussi les *Priores libertatis* l'appellent *cittadino e commissario nostro*; mais l'épithète est de circonstance et se rapporte uniquement à la mission ou commission dont il est, dans le moment, chargé (1).

(1) Durant les dix années qu'il fut en poste fixe à la Seconde Chancellerie, Machiavel remplit de nombreuses missions, parmi lesquelles une trentaine eurent un certain caractère diplomatique, sans qu'on puisse savoir précisément s'il y fut « ambassadeur », ou « orateur », ou « mandataire », et, dans ce dernier cas, ce qu'était, au juste, un *mandataire*, terme qu'il faudrait peut-être traduire, — étymologiquement, — par *envoyé*.

De ces *Légations*, les plus importantes furent les quatre auprès du roi de France, celles auprès de l'empereur Maximilien en Allemagne, les deux à la Cour de Rome, celles auprès de César Borgia, duc de Valentinois, celle auprès de Mme Catherine Sforza Riario, comtesse de Forli. Il vit aussi et entretint Jacopo IV d'Appiano, seigneur de Piombino, Jean-Jacques Trivulce, au service de Louis XII, Gianpaolo Baglioni, seigneur de Pérouse, Pandolfo Petrucci, seigneur de Sienne, Giovanni Bentivoglio, seigneur de Bologne, Luciano Grimaldi, seigneur de Monaco. Le reste fut des *commissarie ou commissioni*, des « commissaires », des « commissions », ou des *espedizioni*, des « expéditions », plutôt pour des affaires intérieures.

Mais, même celles-là, les plus importantes, les plus longues, n'étaient données, selon l'usage qui persistait encore à cette époque, que pour un temps et pour un objet limités. Par exemple, la première auprès du roi de France, dura seulement du 18 juillet 1500 au 14 janvier 1501, y compris les voyages d'aller et de retour, qui prenaient des semaines. Quant à son

Même variété dans la correspondance privée, dans les lettres familières, celles qu'il reçoit des gens qui vivent tous les jours le plus près de lui, de ses collègues, de ses collaborateurs, de ses amis, de son bureau. Les suscriptions portent assez souvent *N. M Dominationis florentinæ Secretario dignissimo* ou des formules équivalentes, telles que *Excelsæ civitatis florentinæ Secretario*. Il en est ainsi huit ou dix fois. Quatre fois à *Secretario* est substitué *Cancellario*. Deux ou trois fois les adresses se font plus scrupuleusement exactes : *Secundæ Cancellariæ florentinæ Secretario honorando* (de Agostino Vespucci); ou aussi : *Dignissimo Secretario apud novem militiæ Reipublicæ florentinæ*; ce qui se traduit ailleurs par *Secretario de' nove de la militia de la Città*; ou encore, en amplifiant : *Secretario dignissimo novem militiæ et Reipublicæ florentinæ* (de Filippo Casavecchia) ou, enfin : *Secretario delli Excelsi Signori* (de Roberto Acciaiuoli). Dans la plupart des cas, l'expression employée est celle sous laquelle l'admiration et la réprobation des générations successives ont comme libellé pour Nicolas son brevet d'immortalité : *Segretario fiorentino*. Assez souvent aussi le titre est pris absolument : *Segretario*. On se borne à en décorer la sécheresse avec un adjectif, et naturellement au superlatif : *degnissimo*.

objet, il était d'expliquer au Roi que, « si ses gens s'étaient retirés du siège de Pise si honteusement et avec un tel déshonneur de Sa Majesté », ce n'était pas qu'on eût manqué de leur fournir des provisions, dont ils avaient toujours abondé; mais qu'à Florence, on craignait néanmoins que, « pour se décharger, ils ne voulussent rejeter sur la Cité toute la faute, comme, en effet, ils firent. »

Une fois Agostino Vespucci s'échauffe jusqu'à dire *Secretario maiori*; mais il exagère. Par abrévation et par politesse, Machiavel a bien pu être appelé *Secrétaire*, mais non pas légitimement *le Secrétaire* florentin. S'il y en avait un, c'était le secrétaire de la Première Chancellerie de la République, et non celui de la Seconde; s'il n'y en avait qu'un, c'était Marcello di Virgilio Adriani et non Niccolò di Bernardo Machiavelli. En tout cas, si, des deux secrétaires, il y en avait un *major*, nul doute que ce ne fût, d'après les textes et les usages, Marcello et non Niccolò.

Lui pourtant, Machiavel, quand il parle de lui-même, dans quels termes en parle-t-il? Il se dit d'abord, au lendemain de sa nomination, et pendant la première année, « de Leurs Très Hautes Seigneuries, *minimus* ou du moins *humilis servitor*. » Dès sa cinquième Légation (première à la Cour de France, avec Francesco della Casa), il n'est plus que *servitor* tout court. Pourtant il lui reprend, lorsqu'il signe seul, des retours de modestie, surtout pour traiter de certains sujets où la nécessité (marquons-en tout de suite l'espèce : l'impécuniosité) l'oblige à s'aplatir un peu trop. Il écrit alors : *Humillimus servitor, servitor humillimus;* il y a même telle lettre, — celle par exemple, du 23 septembre 1506, — qui, au lieu de *servitor*, porte *servus*. Mais le Pape en personne ne faisait-il pas profession, dans ses brefs, de s'abaisser à ce dernier rang : *Servus servorum Dei?*

En général, à partir du 26 septembre 1500, Machiavel signe, pour son compte, simplement *Servitor*, et c'est aussi, semble-t-il, à partir de cette date qu'il fait suivre son nom du titre : *Secretarius*. Désormais il s'intitulera donc alternativement *Secretarius* et *Cancellarius*, comme si tout le premier il n'était pas fixé : presque toujours *Secretarius*, mais quelquefois, — j'ai compté six fois, — *Cancellarius*. Ce qui n'empêche pas Marcello di Virgilio, qui là-dessus n'est pas en reste avec Machiavel, de signer également, de sa qualité partagée de *Secretarius*, des pièces officielles destinées à Nicolas lui-même. Machiavel, en revanche, se laissant faire, et usurpant peut-être un peu sur Marcello, n'a pas, sans jamais y céder, résisté invinciblement à la tentation de se dire : *Secretarius florentinus*. Au total, si, la plupart du temps, il s'est contenté de la mention commune *Secretarius florentinus* ou *Segretario florentino*, c'est le grade que lui a conservé, à l'exclusion de tout rival, la postérité, qui pèse les vrais mérites et fait les grandes promotions.

De toute manière, tandis qu'il vivait, dans son office de la Seconde Chancellerie, au secrétariat des Dix de liberté, sa vie était médiocre, comme sa condition, comme sa fonction et son traitement. Si encore elle eût été tranquille, et premièrement si elle lui eût apporté cet élément de paix, cette rançon de la médiocrité, la sécurité ! On croirait qu'il n'y a point place pour l'envie là où il y a si peu de chose à envier ; mais, pour humble qu'elle soit, toute vie (ce n'est pas jeu de mots) est envie, c'est-à-dire objet d'envie ; et les travaux ennuyeux dont elle peut être pleine n'apparaissent aux jaloux que comme des travaux faciles. Humble, remplie de travaux ennuyeux, mais pourtant entourée d'envie, quotidiennement troublée par la menace et la crainte du lendemain, telle apparaît dès ses débuts et telle restera jusqu'à la catastrophe qui doit la briser, pour en faire surgir une forme supérieure, la vie de Nicolas Machiavel. Essayons d'y pénétrer, de la partager un instant avec lui et avec ses amis; afin d'augmenter nos chances de saisir et de tenir l'homme, allons le surprendre dans le dernier cercle de familiarité où il n'est même plus besoin de le déshabiller, car il y est chez lui, il s'y met à l'aise, il n'y garde ni masque ni costume; et s'il ne les ôtait pas spontanément, l'indiscrète camaraderie, qui, de son bavardage, trompe les jours heure par heure, aurait vite fait de les lui arracher.

Cette vigilance malveillante et avide qui l'enveloppe ne lui laisse aucun répit; elle le guette derrière la porte du Palais, et le happe dès qu'il y est entré. En effet, dès la première lettre que nous ayons de Biagio Buonaccorsi, datée du 18 juillet 1499, un an après la nomination de Machiavel, ce bourdonnant et vulgaire, mais fidèle compagnon l'avertit. Il y a des gens qui en veulent à sa place. Les absents ont toujours tort : *chè lo stare costi non fa per voi.* Jusqu'à ce que Machiavel ait pressé son retour, chaque courrier renouvelle l'instance. « Rester là-bas ne fait pas votre affaire... Revenez; le soin de vos affaires le commande. » Entre deux cris d'alarme, Biagio conte à Nicolas les petites nouvelles du bureau, dont la vie courante, — si l'on peut dire qu'elle court, — dont le train-train plutôt, s'étale ici sans déguisement. On y est surchargé de travail, et, à cet égard encore, le retour du chef est nécessaire. Cela va mal avec Messer Marcello. Biagio se plaint, au nom de ses camarades, qu'on leur ait, un peu trop chaudement, « lavé la tête ». Qu'ont-ils donc fait pour s'attirer cette algarade ? Rien que ce qu'ont fait, font et feront, dans tous les temps, tous les bureaucrates de tous les pays. Ils ont pris la douce habitude d'arriver tard et de partir tôt. A l'admonestation, deux des coupables, Alphano, puis le grand Ser Raffaëllo, répondent « aussi bêtement que possible ». Nous ne savons pas ce qu'il leur en advient. Quant à Biagio, il est déplacé, mais il veut reprendre son ancien poste, et c'est une troisième raison pour laquelle il a hâte de voir rentrer Machiavel. Il ne se plaît qu'à « écrire avec lui », et il ne cache pas qu'il s'en croit digne. L'excellent garçon aime à être pris au sérieux, à être non seulement considéré, mais distingué ; et il faut pardonner à son ambition naïve, en faveur de son affection et de son dévouement. La moindre marque d'attention le rend ému et le laisse reconnaissant. Dans sa lettre du 23 août 1500, écrite pendant la première mission de Machiavel à la cour de France, il remercie le patron de tenir compte de lui « un peu plus que des autres stradiotes de chancellerie ». Il en est d'autant plus heureux que d'abord il s'était senti négligé, presque oublié. Heureux aussi, très sincèrement, que la correspondance de l'envoyé ait du succès, car elle a un très grand succès, Biagio le dit sans flatterie, la flatterie n'étant point du tout son fait. Ce qu'il en admire le plus, c'est « la facilité ».

Nous ne savons pas ce qu'en pensent les autres

« *stradiotes* » (le bon Biagio a la comparaison fa-
rouche, et l'on n'imaginerait guère ces scribes de
la Seconde Chancellerie si belliqueux et si mous-
tachus !) Mais nous savons du moins que, parmi
eux, Machiavel a de vrais amis, exacts à le servir ;
à leur tête, Marcello di Virgilio lui-même, qui sera
d'ailleurs l'un des « compères » au baptême du
premier-né de Nicolas (et c'est, remarquons-le
incidemment, un signe que les rapports entre les
deux Secrétaires furent plus étroits et meilleurs
qu'il n'a paru à M. Tommasini possible ou vraisemblable de l'admettre). Qu'après cela, ou malgré cela, la tempête venue, *post res perditas*, Marcello ne se soit pas montré héroïque au point de
demander à partager la disgrâce de Machiavel, et
même qu'il se soit peut-être secrètement réjoui
de voir la foudre dévier sur la tête de son collègue
seul, comment s'en étonner, et là également tous
les temps et tous les pays ne fourniraient-ils pas
des exemples pareils ? L'homme n'est jamais que
l'homme, et comme dit la comédie, qui rit de lui
de peur d'en pleurer, de telles défaillances dans
la conduite « n'empêchent pas les sentiments ».

A cette troupe d'élite s'adjoignent quelques
auxiliaires du dehors ; le tout ensemble fait une
assez « belle brigade », pour reprendre l'expression dont usent volontiers entre eux Nicolas et
Biagio, qui cite à l'ordre du jour Luca degli Albizzi, Messer Marcello, et Totto Machiavelli, frère
du patron. Tout ce monde s'emploie à l'envi,
tandis que le Secrétaire est en mission à Imola
près de Madame Catherine, à lui faire ordon-
nancer ses frais, et ce n'est pas aisé, la Seigneurie

est dure. Sans se rebuter, Totto l'assiège matin et soir pendant quinze jours : c'est le modèle des solliciteurs, celui à qúi l'on finit par céder pour s'en défaire. On ergote, ou marchande. On serait disposé à aller jusqu'à 30 florins *larghi* par mois (360 livres, d'abord, environ 1 440 francs d'aujourd'hui). A ce compte, Machiavel sera forcé d'y ajouter de sa bourse, ses appointements jusqu'au dernier sol : ainsi le veut une tradition aussi vieille que la diplomatie, et beaucoup plus constante que ses principes. Aussi n'était-ce pas sans peine qu'on trouvait des ambassadeurs. Si l'honneur était apprécié, on fuyait l'incommodité et la dépense. Tout était prétexte à excuse : une santé précaire, des charges trop lourdes. Pour la même mission auprès du roi de France en 1500, trois membres des plus grandes familles, Luca degli Albizzi, qui sait ce qu'il en coûte, fût-ce à un modeste secrétaire, Bernardo Rucellai, Giovanni Ridolfi, l'un après l'autre, se dérobent. Néanmoins, harcelés à leur poste, travaillés dans leur comité par Filippo Buondelmonti et Antonio Giugni, les Seigneurs prennent, semble-t-il, le parti de transiger à 40 ducats. Machiavel n'en est guère plus riche. Biagio l'avise en même temps qu'il a payé pour lui 11 florins d'or et qu'il lui fait ouvrir par les Nasi sur leur cómptoir de Lyon un crédit de 50 écus. Quarante ducats seront donc remis à Biagio, on n'a pu faire davantage, Niccolò Valori le confirme, pour deux raisons dont il ne veut pas écrire la seconde, mais dont la première suffit : la gêne, la détresse du Trésor florentin. D'ailleurs, quand il faut en

venir au fait et au prendre, les 40 ducats ne sont
plus que 30, mais ils sont « d'or en or », et nous
avons appris à estimer ce que représente un ver-
sement d'or en or. Encore si Machiavel les
avait reçus ; mais comment les lui faire tenir ?
Biagio ne demanderait pas mieux que de les envoyer ; seulement il craint un mauvais coup de la
part de *cotesta gente francese*, de ces gens d'armes
français, d'humeur un peu libre, qui courent le
pays. Si Nicolas réclame son argent à toute force,
que l'expédition en soit à ses risques et périls.
Rien ne vient comme de cire, et ce sont partout
accrocs, anicroches, obstacles, entraves, ennuis.

Machiavel a pourtant une consolation, quoique
ce plaisir même ne soit pas sans mélange. Ses
lettres sont fort goûtées, tout le monde lui en
donne l'assurance. Biagio, qui, dans la sincérité
de son cœur et la simplicité de son esprit, a vraiment l'air de prendre sa part de leur succès ;
Niccolò Valori, qui s'emploie à les mettre en
valeur, car, dit cet homme d'expérience, « bien
qu'elles se recommandent par elles-mêmes, ce
n'est jamais inutile ». Les deux dernières « font
preuve de tant de nerf et de bon jugement
qu'elles ne pourraient avoir été plus ap-
prouvées » . Il en a parlé notamment à Piero
Soderini, et, en ce qui le concerne, lui Valori,
puisqu'il n'a pas de frère, son plus cher désir
est que Nicolas lui en tienne lieu : « La présente, là-dessus, vaudra contrat. » Il serait difficile d'imaginer un plus éclatant témoignage de
satisfaction. Mais, si remarquables qu'elles soient
et justement parce qu'elles sont remarquables,

les lettres de Machiavel ont un défaut qu'on leur pardonne mal, elles sont trop rares. Huit jours d'intervalle, c'est trop pour des affaires dont on est pressé de connaître la suite. Il y a même des moments où le silence du Secrétaire cause une véritable inquiétude à ses amis; par exemple, à la fin de décembre 1502 et au commencement de janvier 1503. Cette semaine-là, Nicolas accompagne César Borgia conduisant les *condottieri* vers le traquenard de Sinigaglia; on ne sait pas à Florence qui a pu être pris dans le *bellissimo inganno*.

Pas plus de lettres privées que de dépêches officielles. Machiavel daigne-t-il seulement lire celles qu'on lui écrit? Biagio lui reproche son indifférence en termes aussi amers que grossiers, et ce n'est pas sa manie qui le reprend : il est, en cela, appuyé par d'autres qui ne le font point tous à bonnes intentions. Agnolo Tucci, qui manœuvre contre Nicolas, tire argument de ce qu'il ne répond pas aux lettres. Est-ce paresse dans un cas, sécheresse de cœur dans l'autre? Ou plutôt n'est-ce pas que ce grand méditatif est si occupé à regarder dans les hommes et dans les choses, si attentif à former sa pensée, qu'il esquive ou écarte tout ce qui l'en peut distraire? Car il semble que, bien longtemps avant de se mettre à l'œuvre, plusieurs années avant les années d'adversité qui du chef de la Seconde Chancellerie et de ses besognes feront surgir notre Machiavel et jaillir le machiavélisme, il ait déjà adopté sa méthode, il prépare déjà son travail. La lecture de l'histoire ancienne, le spectacle des faits contemporains, il frappe ensemble

les deux rochers et capte ensemble les deux
sources, dont il unit et mélange en lui-même les
eaux pour son esprit également vives et fécon-
dantes. En mission loin de Florence, il se fait
envoyer dans un même paquet des vêtements et
les *Vies* de Plutarque : ses habits de tous les jours
et, comme il le dira plus tard, ses habits de cour,
l'habit royal qu'il revêtira lorsqu'il s'élèvera jusqu'à aborder les héros et conseiller le Prince.

Machiavel a d'ailleurs un motif sérieux de ne
pas écrire davantage : souvent il n'a pas de quoi
expédier le courrier; pas de quoi, c'est-à-dire tout
net : pas d'argent. De la cour de France, il est
obligé de faire des combinaisons avec des ban-
quiers florentins établis à Lyon; s'ils lui refusaient une avance, ses lettres ne partiraient pas.
Chaque fois qu'il réclame, — et il ne s'en fait pas
faute, soit en personne, soit par personnes inter-
posées, — on lui prodigue les belles paroles, les
bonnes promesses : « Il a bien raison; qu'il
attende un peu : on ne manquera pas de lui
donner satisfaction. » Mais il attend en vain : il
ne reçoit rien, pas même son congé de retour. On
ne lui permet pas de revenir, et on ne lui fournit
pas ce qui lui permettrait de rester. Enfin, voici
que Piero Soderini est élu « Gonfalonier perpétuel de justice », toute la coterie, autour de Biagio, s'en réjouit : les choses vont changer, au
moins pour elle. Cependant, elle a tort de se féli-
citer trop vite. Le nouveau maître veut débuter
comme débutent tous les maîtres nouveaux, par
remettre de l'ordre dans la maison; mais il entend, de plus, commencer à remettre de l'ordre

en diminuant les traitements des fonctionnaires. A qui se fier? Et comment s'aventurer à prédire? Désormais Biagio ne parlera que « jour par jour » et même « heure par heure ». Tout le bureau est agité et tremble sous la menace; sans doute, ils n'ont, comme ils l'ont résolu, ses camarades et lui, qu'à déclarer sincèrement leurs salaires : on verra bien que ce n'est pas à eux que vont les mille et les cents. N'empêche que les petits, qui sont mal payés, ont encore souvent à payer pour les gros. Mais peut-être n'est-ce qu'une fausse alerte. Puisque le Gonfalonier recommande que l'on n'oublie pas de compter les garçons de service et les courriers, peut-être désire-t-il simplement se renseigner sur le nombre des employés. En effet, le danger s'éloigne peu à peu; soit que ce beau feu s'éteigne après la première flambée, soit qu'il rencontre ailleurs son aliment.

Néanmoins on n'est pas encore tiré d'inquiétude. On a un autre sujet de s'alarmer. Le temps approche rapidement où les fonctions vont être renouvelées. Machiavel ferait bien d'y penser, au lieu de s'attarder loin de Florence. Mais ce n'est pas plus sa faute s'il s'attarde que ce n'est celle de Biagio si lui-même, Biagio, vient d'être désigné pour accompagner en France les ambassadeurs récemment nommés, « *il vescovo de' Soderini* » (l'évêque de Volterra, Francesco Soderini) et Alessandro Nasi. Désigné, oui; mais plutôt être pendu que d'y aller! Biagio Buonaccorsi ne fut pas pendu, heureusement : ce pauvre diable, ou ce joyeux drille, eût fait triste figure au bout d'une corde, qui n'eût porté chance à personne ; mais il semble qu'il réussit à se décharger de la corvée.

Ainsi Machiavel a des amis, assez nombreux, fort attachés, qui prennent soin de ses intérêts ; et l'on n'a jamais d'amis, en quantité et de qualité, sans les avoir gagnés ni les cultiver un peu. Les relations qu'ils entretiennent avec lui et entre eux peuvent contribuer à nous donner une idée de son caractère ; mais, dans cette image composite, il entre des traits qui se rejoignent mal, et dont quelques-uns même se contrarient (toutefois c'est peut-être moins contradiction dans le modèle que diversité d'œil et de main chez les peintres). A en croire Biagio (toujours à propos d'une question d'argent), Machiavel serait incertain et changeant : « Vous avez tant de fermeté que vous n'êtes pas une heure de suite du même avis ; » d'autre part, il serait avare, ou du moins très intéressé : « Je ne suis pas comme vous, qui avez une si grande peur d'avoir à dépenser vingt sous. » Tant d'autres indices, pour ce dernier grief, montrent que Nicolas n'était que trop brave à la dépense ; mais, pour le premier, il se peut : il y a des intelligences hardies, mariées à des cœurs timides ; l'esprit peut être résolu et le caractère irrésolu ; on peut être prompt et fort à concevoir, lent et faible à exécuter. L'image grossie des difficultés de l'action, leur spectre grandi par la puissance même d'une réflexion habile à les retourner sous toutes leurs faces, déchirent et crèvent la trame de la pensée ; dans le passage de l'une à l'autre, il est rare qu'il ne se découvre pas quelque fil cassé.

Ce n'est pas tout; Machiavel qui, au dire de son « loyal serviteur », pécherait de la sorte par défaut de résolution, serait, d'autre part, hargneux ou pointu et piquant, ce qui ne s'accorde guère. Non seulement il manquerait de caractère, mais il aurait mauvais le caractère qu'il n'a pas (et c'est encore une de ces réussites où se joue l'ironique et paradoxale Nature). Biagio n'hésite pas à le qualifier de *cheppia*, et l'on a bien envie, hasardant une étymologie peut-être téméraire, de traduire par : *chipie*. Littéralement, *una cheppia*, c'est « une alose » ; chacun a pu constater que l'alose est un poisson tout plein d'arêtes. Mais, en présentant son patron sous ce jour fâcheux, Biagio se flatte probablement de faire ressortir le mérite qu'il a à l'aimer sans pouvoir jamais « en mettre la récompense dans son sac », sans être payé de retour, car il est dévoué, mais il tient à ce qu'on le sache, et cela le rend geignard. Comment, du reste, concilier un jugement aussi sévère avec l'empressement que le même Biagio apporte à se serrer contre Nicolas, quand on veut l'en séparer, et la hâte que sans cesse il éprouve de le revoir, quand Machiavel est en mission au dehors?

Comment surtout concilier une telle opinion, si elle est sincère, si ce n'est point une façon bizarre de plaisanter, — mais il est des amis qui regardent comme un privilège de l'amitié de vous cribler de propos désagréables; — comment donc concilier cette opinion avec celle des autres collègues ou subordonnés de Machiavel? Agostino Vespucci, par exemple, écrit de lui : « Il est gai, il est poli, il est doux, il excite au travail; il fait rire, il donne de la force. » Sa conversation est charmante : « *Jucundus enim sermo tuus.* » Souvent Agostino et Ottaviano Ripa s'entretiennent de leur chef absent, et tous les deux « s'amusent, rient, et même s'esclaffent au souvenir de sa drôlerie et de ses bons mots » . Ah ! ces discours de la Seconde Chancellerie n'étaient pas pour l'édification de la jeunesse; ils sont émaillés d'histoires très vertes et bourrés de maximes cyniques. Nous avons peine à concevoir que, du chef aux employés et des employés au chef, on s'interpelle sur ce ton. S'il fallait prendre à la lettre les gentillesses dont mutuellement on s'accuse; quel monde! Quelle morale, en tout cas; et là-dedans, les portes closes, ou même les fenêtres ouvertes, qu'est-ce qui est respecté, et qui est-ce qui est respectable? Mais ce sont plus qu'à demi fanfaronnades de gens qui ont moins de vices qu'ils n'en étalent, et qui disent au bureau plus d'horreurs qu'ils ne font de farces en ville. On a, de tout temps aussi, observé ce vilain travers partout où des hommes enfermés traînent en des occupations fastidieuses une vie sédentaire : on dirait qu'ils se dédommagent de la platitude de leur existence par les énormités de leur langage. Ici, je demande qu'on m'en croie sur parole, et qu'on me dispense de citer.

Entre deux orages, tout ce petit monde grouille dans la Chancellerie, comme, sur les routes battues par une grosse pluie, rainettes après l'averse. On n'y fait pas grand'chose, quoiqu'on se plaigne d'avoir trop à faire; on y joue au tric-

trac : « Je ne vous envoie pas ce soir le sauf-con-
duit, parce que Ser Andrea a joué au trictrac
toute la journée; » on crie, on se chamaille, on
se gourme' : pour une partie disputée, ce même
joueur enragé, Ser Andrea di Romolo (1), donna à
Ser Antonio della Valle un si grand coup de sabot
dans les reins que le malheureux se voit obligé
de porter un appareil. On perd, on gaspille, par
sommes infimes, un argent pour tous très rare,
car tout ce monde à peu près est bien du petit
monde, et très près de ses pièces. « Je suis si à
mon aise, avoue Biagio, que je n'ai pu faire fonds
d'un florin pour remettre celui que j'avais em-
prunté. » Si peu que l'on ait, va-t-il falloir se le
voir enlever, et faut-il donc continuellement le
défendre? Il y a de temps en temps une accalmie;
mais ce n'est jamais le ciel tout à fait serein, le
beau fixe; il monte toujours à l'horizon quelques
moutons dont il est sage de surveiller le développement. « Pour moi, mande dans un de ces
moments-là, Biagio à Nicolas, je ne vois point en
notre cas de danger plus grand qu'à l'ordinaire. »
Mais, presque tout de suite : « Si je vous disais
que vous n'avez pas de jaloux, je ne vous confes-
serais pas la vérité. On vous envie surtout la familiarité que vous pouvez avoir avec Monseigneur
(l'évêque de Volterra, un Soderini, l'oreille du
Gonfalonier). » Tant qu'il n'en est que cela, il n'y
a pas lieu de se mettre martel en tête. Machiavel
a dû s'inquiéter de certains bruits; qu'il se ras-

(1) Serait-ce cet « Andrea di Lorenzo Filippo Romuli », qui
avait été en 1498 un des concurrents de Machiavel?

sure : Biagio n'a entendu personne *brontolare*, murmurer, grogner contre lui. On ne lui reproche rien. Cependant, comme il doit être informé de tout, Biagio l'avise qu'on lui envoie Bernardo de' Ricci, avec salaire de deux florins *larghi di grossi* par jour, et qui, de la main à la main, a eu 150 ducats.... Celui qui l'a mis en avant l'a fait pour le ressusciter, et vous donner un contrepoids, et un homme qui sache s'accommoder mieux que vous. Dieu lui donne bonne fortune, et fasse qu'il n'oublie pas les autres, s'il lui plaît, car il en est besoin et même nécessité. » Nous saisissons sur le vif, dans l'espèce, la méfiance qui est le principe fondamental de la diplomatie florentine, où il n'est pas de gardien qui n'ait un gardien, où un Machiavel ne contrôle l'ambassadeur, et où un Bernardo de' Ricci, à son tour, ne contrôle le Machiavel. Le moindre pas doit être fait prudemment; c'est là, plus que nulle part ailleurs, qu'il est des temps de parler et des temps de se taire, des temps de se montrer et des temps de faire le mort. Encore l'envie, ingénieuse et infatigable ouvrière des démocraties de tous les âges, vient-elle vous chercher au plus profond de l'ombre et du silence.

Machiavel fait le silence plutôt trop profond, Biagio ne se lasse pas de le lui répéter. Et tout de même si, à force de le répéter, il se lasse. « Vous êtes avec vos amis d'une négligence telle que je suis las de vous en excuser. Quand vous seriez mon père, je vous aurais plus d'une fois envoyé... (disons, par grand euphémisme, promener). » Pourtant, un peu de patience, il n'y a pas beaucoup de mal. Ce sera l'affaire de deux ou trois lettres pour tout apaiser. On a pour soi l'étage d'au-dessus, *superius*, car la Chancellerie est en bas ; on y descend : *descendit scalas*. Qui, dans le Palais, occupe l'étage au-dessus? Probablement le Gonfalonier, « le Président, » Piero Soderini en personne, qui a toujours marqué à Machiavel, secrétaire des Dix, plus de bienveillannce que Machiavel, historien et écrivain, n'aura d'indulgence envers lui. Seulement, jusqu'à nouvel avis, que Nicolas renonce à demander son congé. Qu'il s'évertue, au contraire, et se distingue ; qu'il écrive ; qu'il ne mesure pas ses pages et n'en compte pas les lignes : « Quand vous écrivez, donnez les détails de tout ce qui se passe, car c'est ce qui vous portera aux nues. Ce soir, on va lire toutes vos lettres, excepté la dernière, dans le Conseil des Quatre-Vingts, et on continuera ; par conséquent, envoyez-en quelques-unes, comme vous savez les faire. » Mais ce serait un tort de n'écrire qu'aux hauts personnages, à Celui d'au-dessus et aux Dix. Il ne faut négliger personne : les gens qu'on néglige, on les blesse, en se donnant l'air de ne pas les tenir pour autant qu'ils se tiennent eux-mêmes. « Écrivez aussi quelquefois aux Neuf, parce que tout le monde veut être câliné (*dondolato*) et estimé. Quatre bonnes paroles et deux bonnes confidences leur feront plaisir : il leur semblera que l'on compte avec eux ; faites-le, je vous en prie. » Ainsi, du haut en bas, du protecteur qui habite *superius* à Biagio, ce sont les amis de Machiavel qui lui donnent des conseils de conduite. Personnellement, il ne paraît pas prêter une attention extrême, ni peut-être suffisante, à ces petits soins, en pratique si nécessaires. En effet, c'est la politique de Biagio qui est la bonne avec les bureaux. Il faut nourrir leurs manies, si l'on ne veut pas qu'ils vous collent à la peau, comme de lancinants parasites. Que d'ambassadeurs illustres en ont été, dans tous les temps, importunés pour avoir dédaigné cette précaution de sagesse vulgaire ! Une des joies que l'on goûte à la lecture des *Lettres familières* de Machiavel et de ses amis est précisément de voir, répétons-le encore, que ni les sentiments, ni les habitudes des bureaux n'ont changé depuis le quinzième siècle ; qu'ils étaient alors ce qu'ils sont maintenant, sans doute parce que, comme un ordre célèbre, ils ne sauraient être autrement sans cesser d'être. Tout comme les nôtres, ils avaient leurs flâneries, leurs cancans, leurs querelles, leurs indiscrétions, leurs prétentions. Ils possédaient leurs diplomates, leurs stratèges, leurs inventeurs, leurs ingénieurs en chambre : « Antonio della Valle veut à toute force construire un pont-levis sur l'Arno. C'est à croire qu'il devient fou ! »

D'alarme en alarme, il vint un jour où Machiavel se sentit vraiment en péril. Tout ce que nous avons vu, bien d'autres circonstances que nous n'avons pas rappelées pour faire bref, il n'avait pas manqué de signes avant-coureurs. Biagio les relève ponctuellement. Il recueille même les boutades jetées au cabaret après boire. Un Alamanno (mais lequel ? serait-ce cet Alamanno Salviati lui-même, à qui Machiavel a dédié son premier *Decennale ?*) a dit, étant à table à Bibona, et parlant de Nicolas : « Je n'ai rien confié à ce ribaud, depuis que je suis des Dix ». D'où Biagio conclut : « Notez bien cela, si vous n'êtes pas bien éclairci de son état d'esprit, et arrangez-vous pour être ici avant les confirmations d'office ; je pourrais vous en écrire beaucoup plus long, *sed coram copiosius*. » On ne pourrait être trop prudent, la poste n'est pas sûre. « Ne répondez pas, ajoute Biagio en *post-scriptum*, sur cet avis que je vous donne au sujet du raisonnement tenu à Bibona. »

Mais il y eut bientôt autre chose et bien pis. Des clabauderies ordinaires des « bancs, » où les oisifs, les « cigales » bavardes tiennent les assises de la médisance, s'élève un bruit qui vite s'enfle en rumeur. Biagio en est épouvanté. Lui qui souvent a calmé son ami, à présent il l'exhorte à n'en pas rire. « Le cas est de telle importance qu'elle ne saurait être plus grande. Ne prenez pas la chose en plaisanterie, et ne vous écartez pour rien au monde de ce que je vous dirai. Ce sera l'un des plus puissants remèdes pour conjurer votre ruine et celle de plusieurs autres. Aussi ai-je cru devoir envoyer à votre rencontre. »

Qu'est-ce donc et de quoi s'agit-il? Il y aura demain huit jours (27 décembre 1509) qu'un anonyme, accompagné de deux témoins, est allé chez le notaire des Conservateurs, et, en leur présence, lui a donné une notification, avec protestation s'il ne la remettait pas ; et elle contenait que, pour être né d'un père... etc... (Cet etc... plein de délicatesse est de Biagio, mais il faut, pour l'intelligence du texte, rétablir : « d'un père bâtard, » petit point d'histoire sur lequel les plus récentes biographies de Machiavel n'ont fait qu'une insuffisante lumière) ; pour être, a dit l'homme, né d'un père bâtard, vous ne pouvez en aucune façon exercer l'office que vous occupez, etc... Quoiqu'il y ait des précédents, et que la loi soit en votre faveur autant qu'il se peut, il s'est néanmoins monté toute une cabale. » Il est urgent d'y faire face, et l'excellent Biagio s'y est employé nuit et jour de tout son pouvoir. Il a déjà détendu les esprits ; pourtant les adversaires sont en nombre et ne reculent devant aucun moyen. L'histoire circule jusque dans les b..., si bien qu'on peut agir à découvert. « Croyez-moi, Nicolas, avant que je produisisse la loi, l'affaire était toute jugée. » Mais Biagio se remue, et il n'est pas seul. Piero del Nero travaille aussi très fort. Ils font si bien que le retour de Machiavel ne presse plus tant. Peut-être même vaut-il mieux le différer un peu. C'est l'avis de quelqu'un dont le Secrétaire fait grand cas, et qui pourrait bien encore n'être ni plus ni moins que « Celui d'en haut », le Gonfalonier Piero Soderini. Les choses sont en train de s'apaiser, et la présence de Nicolas pourrait les envenimer de nouveau. « Et puis, je fais des démarches que vous ne feriez pas, bien qu'il faille les faire. Car chacun veut être remercié et prié pour les services qu'il rend ; combien vous êtes propre à ce métier, je vous en laisse juge. Vos autres camarades sont, comme moi, prêts à vous défendre. Si je vous dis que je n'ai pas dormi depuis que c'est arrivé, croyez-m'en. Il est si peu de gens qui veuillent vous aider, et je ne sais d'où cela peut venir. En somme, ne bougez pas, mais n'allez pas penser que « j'assombris l'obscur, » comme vous avez coutume de dire. Il y en a beaucoup plus que je n'en dis. J'y suis assez intéressé pour que vous deviez m'en croire ; cela me touche en effet plus que vous. »

Plus que Nicolas lui-même, on ne voit pas comment ; c'est une exagération de l'amitié, qui eût pu se contenter d'écrire : autant que vous. Une fois de plus on en fut quitte pour la peur, et, comme les nuages avaient passé, cette grosse bourrasque passa. Tout ce que nous voulons remarquer, c'est que, quand elle fut soulevée, à la fin de 1509, il y avait onze ans et demi que Machiavel était en possession de son emploi, non pas paisible, certes, ce qui précède montre assez à quel point elle fut troublée, mais aussi paisible que les mœurs et les passions d'une démocratie en ville close, — on est tenté de dire en vase clos, — pouvaient le permettre. Il est remarquable, d'autre part, que Biagio parle de cette affaire comme s'il admettait le fait même de la bâtardise de Bernardo Machiavelli. Il ne plaide pas le point de fait, mais seulement le point de droit. Il conteste uniquement que, de par la loi, le fils d'un bâtard soit exclu des fonctions publiques ; il se pique de prouver le contraire et s'attache à l'établir par le texte et par des exemples. Enfin, c'est un trait remarquable des caractères et du milieu que, dans le moment même où Biagio se jette à l'eau pour sauver son ami, il ne dépouille pas toute précaution, et signe les lettres où il lui conte ses peines, non pas de son nom, mais d'une espèce de périphrase : « Qui vous savez : *Quem nosti.* » La même périphrase sert, du reste, tantôt à le couvrir, lui, l'humble scribe, et tantôt à déguiser ce puissant personnage, le plus haut de l'État, le Gonfalonier.

Trois années encore s'écouleront, au milieu des mêmes tribulations et des mêmes craintes, jusqu'à la catastrophe qui emportera tout, la République, le Gonfalonier son « Président », le Chancelier et sa chancellerie. Trois ans de pénurie aggravée par la maladie. Si, pendant ce temps, Machiavel semble n'avoir que ses soucis habituels de bourse et de situation, l'infortuné Biagio, par surcroît, tremble de perdre sa femme. Les soins qu'il doit lui procurer lui coûtent, gémit-il, presque un florin par jour, de sorte qu'il va rester sans personne et sans rien. Il accuse sa mauvaise chance, qu'il eût plus que son patron, il s'en flatte, méritée meilleure. Il étouffe pourtant ses soupirs et ne peut s'empêcher de plaisanter, tant le pli, par-dessous son vêtement, s'est imprimé dans sa chair même. A partir du mois d'août de 1510, Machiavel étant toujours en France, lorsque Biagio lui écrit, son langage est comme hermétique. Il est question dans ses lettres de « ceux de la Chancellerie qui n'ont pas peur d'une plume, mais qui auraient peur d'une rame. » Eh! quoi, serait-ce une allusion aux galères? Même pour les nouvelles d'ordre domestique que Biagio lui donne, il faut que Machiavel déchiffre, et par suite il faut que nous devinions, ce qui n'est jamais ou facile ou certain : « Personne ne veut faire ce qui ne le regarde pas; ta femme est ici et vivante; tes enfants marchent; on n'a pas vu de fumée dans ta maison; et la vendange sera maigre à Pertussino. » Ne dirait-on pas des formules convenues, qui n'auraient pas tout leur sens, si elles n'avaient pas leur sens littéral?

Le 27 août 1512, à 22 heures, Biagio, sur l'ordre de : « Qui vous savez » (cette fois, il s'agit de l'autre, de Soderini), adresse à Machiavel un court billet. Et ce sont les dernières lignes écrites de la Chancellerie. La lettre CXV du recueil des *Lettres familières,* datée vaguement de septembre 1512, est la fameuse lettre de Machiavel à Alfonsina Orsini, où il raconte la chute du Gonfalonier, dont la faiblesse lui mit au cœur tant d'amertume que, sans effacer peut-être en lui le souvenir des bienfaits reçus, elle lui fit tourner à la caricature l'image de son protecteur. La CXVIᵉ lettre va retrouver de l'autre côté de la mer, à Raguse, Pier Soderini fugitif : quant à Machiavel, faussement impliqué dans un complot et jeté en prison, il en sort, mais il reste sur le pavé, endommagé par quelques traits de corde. Le 9 avril 1513, écrivant à Francesco Vettori, qui désormais sera son correspondant favori, il consacre de sa main sa déchéance, il signe : « Niccolò Machiavelli, *quondam secretarius.* » Dès lors, plus d'espoir ou trop de vains espoirs : nous sommes bien *post res perditas.*

Plus une seule lettre au malheureux Biagio, qui disparaît avec le bureau, et cette disparition est, si je l'ose dire, un symbole. Tout est perdu, mais tout est gagné. Machiavel a perdu sa place, mais nous avons gagné Machiavel. Sa vie s'élargit. La disgrâce ouvre la période des grandes

pensées et des grandes œuvres où Biagio Buonaccorsi, Agostino Vespucci et leurs collègues, ni
Messer Marcello, ni même les soucis ou les aises,
pour parler avec Dante, — *gli affanni et gli
agi,* — n'ont plus rien à faire. Dorénavant,
s'arrachant chaque soir à sa misère, misère
morale plus encore que matérielle, au sortir de
la compagnie du boucher et du boulanger dont
il n'a pas dédaigné de faire la partie à l'auberge,
Machiavel vêtira ses « habits royaux et curiaux ».
Il s'enfermera dans sa chambre, où l'attendent
les ombres et les mémoires des plus savants et
vaillants hommes de tous les siècles. Riche de
ses lectures et de son expérience, d'égal à égal,
il les interrogera sur les conditions qui créent ou
qui maintiennent la fortune des Princes et sur
les lois qui président aux destinées des Républiques. Secrétaire des Dix et chancelier de la
Seconde Chancellerie de Florence, il passait sous
la toise de la hiérarchie administrative et demeurait un peu courbé ; libéré par l'adversité, et re-
dressé à sa vraie taille, il n'a plus de commune
mesure qu'avec les génies souverains, et se hausse
à l'échelle des sommets de l'humanité (1).

(1) Tous les grands écrits de Machiavel sont de la période qui
va de la chute de Soderini (1512) à la mort de l'ancien Secrétaire des Dix (1527). De son temps d'activité, sa correspondance
officielle et privée, quelque bref carnet de notes, sont presque
les seuls témoignages. De sa jeunesse, on n'a que peu de chose,
et de très petites choses, comme les *Canti carnascialeschi,* avec
un ou deux essais peut-être, dont l'attribution est douteuse. C'est
dans la ruine de la République, entraînant sa propre ruine, qu'il
se recueille, se concentre, et que, de sa méditation solitaire, naît
quelque chose de fort.

CHAPITRE III

DANS LE CADRE DES INSTITUTIONS RÉPUBLI-
CAINES. LE GONFALONIER PERPÉTUEL PIERO
SODERINI (1502-1512).

Dans un manuscrit de la Bibliothèque natio-
nale de Florence, qui figure au catalogue sous
les n°s VII, 9, 271, se trouve une épigramme de
quatre vers recueillie par Polidori pour son édition des Œuvres mineures ou petits écrits de
Machiavel et qu'ont reproduite toutes les pré-
faces, toutes les notices sur la vie du Secrétaire
florentin. En voici la traduction littérale :

La nuit que mourut Pier Soderini,
Son âme s'en alla à la bouche de l'Enfer.
Mais Pluton lui cria : L'Enfer? âme imbécile,
Va là-haut dans le Limbe parmi les autres *bambini!*

Si le sentiment est peu bienveillant, l'idée et
l'expression sont peu originales. Plus ou moins
imité de Dante, le même trait avait servi,
dès 1481, contre un obscur commissaire de la
ville de Parme, dont on s'était borné à dire, le
jour où il avait été cassé de son emploi : « Il est
digne de descendre dans le Limbe, car il n'a fait
ni mal ni bien. »

Cette épigramme est-elle réellement de Machiavel? C'est douteux, et l'on aimerait, pour sa mémoire, à d'autres égards si calomniée, pouvoir établir qu'elle n'est pas de lui, qu'il n'a pas ajouté ce quatrain à son *Chapitre de l'Ingratitude*. Mais si, pourtant, il en était l'auteur, comment le justifierait-il? En quoi le Gonfalonier perpétuel, qui jusqu'en sa disgrâce fut son protecteur, lui aurait-il paru l'avoir mérité?

I

Piero Soderini était le troisième fils de Messer Tommaso, chevalier, cinq fois gonfalonier de justice, — du temps que cet office, éminemment précaire, ne durait que deux mois dans la mouvante Florence des dernières années du quinzième siècle, — et de Madame Dianora Tornabuoni. Il eut quatre frères. De ses deux aînés, le deuxième, Pagolantonio, fut, lui aussi, gonfalonier, en 1497. De ses deux cadets, le plus jeune, Francesco, devint l'évêque, ensuite le cardinal de Volterra; le quatrième garçon, Giovan-Vettorio, s'était attardé aux écoles et avait conquis le grade de docteur *in utroque*. C'était un usage suivi dans les maisons anciennes, où l'on honorait la science et l'on ne restreignait pas par calcul sa postérité.

Sur un médaillon appendu à l'arbre généalogique des Soderini, dans le livre que Scipione Ammirato a consacré aux familles nobles de Florence, en ayant soin, — il nous en avertit, le digne homme! — de les présenter *in confuso*, afin de leur ôter tout prétexte à querelle de préséance, Messer Piero nous montre un visage long, un peu maigre, le nez pointu se relevant légèrement du bout, l'œil largement ouvert au regard fixe, la mâchoire saillante, le menton étiré, l'air qu'ont encore de nos jours ou qu'avaient encore naguère beaucoup de gens de justice : la mine grippeminaude, chattemite, dirai-je chafouine? en contraste accusé avec le visage plus rond, plus plein, plus réjoui, un tantinet facétieux, la belle face ecclésiastique de son frère le Cardinal-évêque.

Piero s'était formé comme, de son temps, se formait à Florence tout jeune gentilhomme, un Guicciardini, un Del Nero, un Capponi, par exemple. Cette brillante jeunesse, parmi laquelle il semblait que dussent se recruter les candidats aux grands emplois, ne faisait pas ses classes, suivant un mot fameux, dans les « collèges de joueuses de flûte. » L'espèce n'en était point improvisée, et elle n'improvisait point. Même quand elle n'écoutait pas à l'Université de doctes leçons sur Platon, même quand elle ne participait pas aux subtils entretiens des jardins Rucellai, elle se préparait par la pratique, s'instruisait par l'expérience, s'élevait, dans les deux sens de ce verbe, de degré en degré. Pour chaque famille il y avait l'étape, et pour chacun de ses membres il y avait des étapes. Cinquante foyers dans Florence, et sans doute davantage, des centaines peut-être, étaient autant de petites Écoles des Sciences politiques. L'enseignement s'y donnait sans que personne montât en chaire et sans que personne prît des notes, en causant à table. Ainsi ce n'était pas l'esprit seul, mais tout l'homme, dont l'éducation s'y faisait par imprégnation, et littéralement par impression du milieu.

Pour en bénéficier, il fallait y naître, mais, pour en profiter, il suffisait d'y vivre. Dès l'enfance, ou presque, on y connaissait quiconque jouait un rôle, et l'on entendait parler de toutes les affaires par ceux qui les avaient traitées, les traitaient ou les traiteraient. C'était un avantage très grand. Pareillement, quelques-uns d'entre nous ont pu rencontrer encore un de ces privilégiés de la vieille société française, issu d'une race de militaires, de diplomates ou de financiers. Quelle adaptation ! Quelle aisance ! N'eût-on pas dit qu'il ne faisait que respirer l'air natal ou se promener dans ses terres ? Il n'avait jamais de surprise, il était toujours « à la page ». Ses nerfs réagissaient exactement ; ses réflexes mêmes étaient disciplinés par l'hérédité et par l'habitude. A égalité d'intelligence, sa supériorité était éclatante. Sachant ce qui ne s'apprend pas, il en savait assez, parce que ce que l'on sait le mieux, c'est ce que l'on n'a pas appris, ou du moins ce que l'on a appris sans s'en apercevoir. Encore est-il que cela ne se trouve pas dans le dialogue de la semelle avec le pavé ! (1)

(1) J'ai repris ailleurs, et en plus d'un endroit, ce passage, pour l'appliquer à tel de nos contemporains. Mais c'est ici qu'il a son origine.

Cet avantage, que la Cité paraissait devoir tourner à son profit, demeurait d'ailleurs souvent théorique. Assurément, à ne considérer que les textes, l'accès aux principales charges de l'État semblait être défendu par la prudence des lois contre les intrusions trop scandaleuses ou simplement trop turbulentes. La procédure même, les formes mêmes de l'élection dressaient en apparence, à tous les seuils de la carrière, comme un barrage, ou plutôt comme un système de barrages filtrants. Tout promettait à Florence, avec un personnel de choix, un bon gouvernement. Mais il y avait les révolutions; bien plus, la vie de la République n'était qu'une incessante révolution. Cette perpétuelle instabilité qui, deux siècles auparavant, avait arraché à Dante un gémissement profond, ne menaçait pas seulement, au juste effroi de ceux qui les occupaient, les modestes emplois dont dépend le pain quotidien. Toute la République était, pour ainsi dire, toujours en l'air.

Le poète divin l'avait peinte malade d'inquiétude, et, pour essayer de tromper sa fièvre, se rejetant d'un côté sur l'autre. Nous, modernes, placés pour regarder de loin, et dont les dernières découvertes ont enrichi le magasin d'images, nous dirions volontiers que tous ces dignitaires, tous ces fonctionnaires de la Cité, qui ne font qu'entrer et sortir, entrent et sortent avec l'allure saccadée, sautillante, trépidante, de personnages de cinéma : ils dansent un instant sur l'écran, puis s'évanouissent et ne laissent après eux qu'une ombre encore agitée. Avec eux, la République est comme entraînée par un vertige ; la consommation qu'elle en fait est telle qu'elle a vite épuisé, en dépit de leur nombre, la liste des hommes compétents : alors il lui faut faire de nécessité vertu et se rabattre sur les autres. Elle souffre de la fatale diminution de valeur de son personnel, mal rongeur des démocraties : à mesure que cette valeur s'abaisse, elles glissent, tombent et s'enlizent dans la dictature molle de l'incapacité.

Pour ce qui est de Florence, Guichardin dit, en termes énergiques, qu'elle précipitait sa chute à la vitesse de « cent milles à l'heure ». Peu à peu, dans tous les services, le désarroi moral atteint ce point que les personnages qualifiés fuient comme la peste les fonctions les plus honorables. On ne trouve plus notamment, pour le dehors, de commissaires ni d'ambassadeurs. Ceux qui seraient dignes et capables se dérobent ; ceux qui acceptent sont incapables, sinon indignes. On a ainsi un Giovacchino Guasconi, un Luigi della Stufa, mais on écarte un Guidantonio Vespucci, un Giovan-Battista Ridolfi, un Bernardo Rucellai, un Piero Guicciardini.

Lui, du moins, Piero Soderini n'avait pas eu à se plaindre. Admis au nombre des Seigneurs une première fois du vivant de son père, d'après Ammirato (1), une seconde fois en 1489, il avait

(1) Ammirato dit « en 1472 ». Mais, si le fait est vrai, la date est douteuse. Car, en 1472, Piero n'avait que vingt ans, étant né le 17 mars 1451 (1452), et la loi fixait à vingt-quatre ans la majorité civique.

été successivement en ambassade auprès des deux rois de France Charles VIII et Louis XII, puis à Milan auprès du cardinal d'Amboise, entre temps et dans la suite chargé d'autres missions encore ; envoyé au duc de Valentinois, au terrible César Borgia, et de nouveau à Milan, pour solliciter le secours des lances françaises de Mgr Imbault et de Mgr de Lancres.

Si d'autres, effrayés de la fatigue et de la dépense, n'acceptaient qu'à leur corps défendant l'honneur de ces ambassades, même courtes et à objet limité, chez les Soderini on ne s'y dérobait pas. Quatre des frères sur cinq passèrent par le service et s'y distinguèrent : Pagolantonio surtout, à Venise, dont il admirait les institutions et d'où il rapporta son projet de réforme du Grand Conseil ; Piero lui-même en maints endroits ; l'évêque de Volterra, Francesco, près de Charles VIII de France, du pape Alexandre VI, et de César, en Romagne, dans une légation à jamais illustrée par les lettres de Machiavel ; Giovan-Vettorio, enfin, à Livourne pour y saluer le roi d'Espagne et en Allemagne à la cour de l'empereur Maximilien. On voit que la famille Soderini, — la *gens Soderina*, comme dit Ammirato, — était, en cette génération, le type accompli de ces antiques lignées florentines où la fonction s'enseignait par la fonction.

Toutes les missions de Piero n'avaient pas été couronnées d'un égal succès ; mais il se peut que les circonstances lui fussent contraires, et au demeurant le monde est ainsi fait, ou son étoile le protégea si bien, que toutes contribuèrent à

asseoir sa réputation : la chance est le nom fami-
lier de la Fortune.

En 1501, à quarante-neuf ans, la dernière
année où cette dignité devait être changeante et
si brève qu'à peine pouvait-on prendre possession du pouvoir sans avoir le temps de l'exercer,
Piero Soderini fut à son tour, c'est-à-dire après
son père et son frère Pagolantonio, élu gonfalonier de justice. Ses deux mois achevés, il était
retourné aux ambassades. Cependant Florence
ressentait de jour en jour plus vivement ses
maux, qui se traduisaient au dehors par une
espèce de « danse de Saint-Guy ». Elle vivait
une vie coupée en menus fragments. On n'osait
rien y entreprendre, parce que, ne pouvant rien
continuer, on craignait de ne rien terminer. On
éprouvait cruellement le manque de chef ou de
chefs, au singulier ou au pluriel. Les conditions
politiques et sociales de la Cité ne rendaient pas
facile la solution du problème. Il s'agissait,
d'une part, de la tirer de l'incohérence, tout en
la maintenant dans le cadre aussi large que
possible d'un État démocratique, et, en même
temps, de resserrer et de ralentir toute cette
mobilité en la faisant tourner autour d'un point
fixe, qui ne pouvait être cherché qu'au sommet
de la République. D'autre part, il fallait mettre
une borne à cet envahissement des grands
emplois par les incompétences, dont le résultat
était que les gens capables n'étaient pas en place
et que les gens en place n'étaient pas capables. Il
était nécessaire enfin de restaurer dans Florence
l'ordre, la paix et la justice.

Mais il n'était pas aisé de réformer l'État sans le bouleverser, ni même d'en refaire une des parties sans l'ébranler tout entier. Le mécanisme en était des plus compliqués. Comme son bon fonctionnement dépendait non seulement de la qualité de chacun de ses ressorts, mais des rapports qu'ils établissaient et qu'ils soutenaient les uns avec les autres, la fragilité en était infinie. Le Gonfalonier n'était que le chapeau de l'écrou qui devait tout serrer, mais, dans le système de 1498, reforgé sur le plan de Savonarole, le Grand Conseil restait la pièce maîtresse. Entre les deux, toutes sortes de rouages et de transmissions qui se chevauchaient et dont, toujours, quelqu'un ou quelqu'une grippait ou grinçait.

A la base, le peuple. Mais le peuple, à Florence, ce n'était pas toute la population de Florence. Les habitants étaient répartis en deux classes : ceux qui étaient assujettis à l'impôt et ceux qui en étaient exempts pour indigence. Ceux qui ne le payaient pas, par une élimination préalable et en bloc, ne comptaient point. Ceux-là seuls qui le payaient étaient citoyens, aptes aux magistratures, et, pour cette raison, on les qualifiait de « nobles », — comme, à Venise, on disait « gentilshommes », — sans intervention d'une idée de naissance distinguée ou de « sang bleu ». La filiation, pour chacun, et à chaque acte, se constatait jusqu'au grand-père. On écrivait, par exemple : Niccolò di Piero di Gino Capponi. Tout ce qui entrait dans la seconde catégorie pouvait aspirer également à toutes les fonctions et dignités publiques.

On considérait que ces fonctions ou attributions de l'État se ramenaient essentiellement à quatre : l'élection des magistrats, la délibération de la paix et de la guerre, la législation, et les appellations ou recours en matière judiciaire.

Pour les remplir, on avait multiplié les organes. Tantôt ils s'étaient remplacés, et tantôt juxtaposés ou superposés. Presque jamais ils n'avaient été nettement séparés. Un des plus importants et des plus anciens était *la Seigneurie*, créée en 1282, d'abord composée de trois Prieurs, puis de douze, quand la Cité fut divisée en « setiers », puis de huit, quand elle le fut en « quartiers ». Avant 1494, la Seigneurie jouissait d'un pouvoir absolu ; de 1494 à 1502, lorsque le Grand Conseil fut devenu, selon le mot de Giannotti, « le vrai et légitime seigneur », elle conserva quand même une très appréciable autorité.

A côté d'elle, à peine au-dessous d'elle, étaient *les Collèges*. Au propre, les « Collèges » étaient les *Seize* gonfaloniers des Compagnies, créés eux aussi vers la fin du treizième siècle, au temps de Giano della Bella, en 1292, ou au commencement du quatorzième siècle, en 1303, par le cardinal de Prato. C'étaient, disait-on, les « chefs du peuple », une sorte de tribuns du peuple, à la romaine, avec quelque besogne de police politique et de moderne Sûreté générale.

Ils sont ordinairement associés aux douze Bons Hommes *(Buoni Uomini)*, ainsi nommés parce qu'on les choisissait en particulière odeur de sagesse et de vertu. Créés en 1321, les *Douze* eurent primitivement pour mission d'assister et de conseiller les Prieurs qu'on n'estimait pas à la hauteur des circonstances. Dans la suite, leur rôle fut réduit jusqu'en 1494, où, afin de leur rendre de l'utilité, on décida qu'ils assisteraient à différentes opérations du Grand Conseil. En outre, ils étaient chargés, de concert avec les Seize, de défendre la porte du Palais dans les mouvements populaires. Avec eux, à tous ces titres, ils formaient les Collèges, en un sens un peu élargi.

Pour les affaires criminelles, avait été instituée la juridiction des *Huit*, dont mention est faite dès 1433. C'est en effet dans le Parlement tenu cette année-là que fut élue la *Balia*, d'où ils sortirent. On les retrouve en 1444, sous le nom de « Huit de garde » ou « de surveillance », — *balia*, — en 1453, en 1458, et, constamment depuis lors, ils avaient toujours existé, quoique leur compétence eût été réduite au domaine du droit commun, et que la connaissance des crimes d'État leur eût été enlevée dans la plupart des cas.

Ne citons que pour mémoire ces deux hauts magistrats obligatoirement pris en dehors de Florence, parce qu'on voulait les tenir en dehors de ses passions; ces deux étrangers : le *Podestà* et le *Capitaine du Peuple :* le podestà, juge du civil et exécuteur des sentences criminelles jusqu'en 1250; dépossédé, après cette date, de l'exécution criminelle au bénéfice du Capitaine du Peuple, dont les pouvoirs vont s'étendant pendant près de deux siècles; successivement administrateur civil, espèce de maire ou de préfet; ensuite, renfermé de nouveau dans la direction des affaires criminelles, et qui ne paraît plus à partir de 1456. De très grands personnages, dans le fort de leur splendeur, le Podestà et le Capitaine du Peuple, au moins protocolairement, puisqu'ils avaient longtemps eu le pas sur le Gonfalonier de justice et que ce fut toute une affaire pour obtenir qu'il marchât entre eux deux, au même rang.

J'ai déjà dit ce qu'était la magistrature des Dix (1). Il faut ajouter quelques mots sur ce qu'était la *Pratica,* par quoi elle fut renforcée et un moment remplacée. Encore qu'on les désignât ordinairement par « les Huit », la *Pratica* consistait, en son *plenum,* dans la réunion de quinze citoyens, choisis par le Grand Conseil, et des Dix de liberté, au total vingt-cinq. Le Gonfalonier y participait comme prévôt de tous les magistrats de la Cité, et la Seigneurie, par convenance plus que par nécessité légale. Sorte de Conseil extraordinaire, mais implanté par la force de l'habitude, et purement consultatif. Quand il avait opiné, on lui faisait un beau salut : « Les Dix ont entendu votre avis; ils y penseront. » La *Pratica* ne pouvait être indépendante du Grand Conseil, qui la nommait et qui nommait aussi les agents chargés d'exécuter les décisions.

Quant à la législation, — troisième fonction essentielle de l'État, — pour les lois somp-

(1) Voyez plus haut, ch. 1ᵉʳ, p. 10.

tuaires, les lois fiscales, les lois organiques, l'initiative appartenait à la Seigneurie et au Gonfalonier ensemble. Ils en communiquaient les projets aux Collèges. Si les Collèges approuvaient, la Seigneurie élisait quatre de leurs membres sur les Seize et quatre des huit *Conservateurs de la loi*. On appelait leur réunion les huit *fermatori,* — confirmateurs, — et peut-être *formatori, riformatori,* formateurs ou réformateurs, — lesquels mandaient le secrétaire des Réformations et l'invitaient à rédiger un texte. Ce texte était par eux rapporté à la Seigneurie, qui convoquait les Collèges et les Douze Bons Hommes, et le mettait aux voix. S'il réunissait les deux tiers des suffrages, il était envoyé au Conseil des Quatre-Vingts.

Un peu analogue à notre Sénat, le *Conseil des Quatre-Vingts* émanait du Grand Conseil. Mais il y entrait en outre la Seigneurie, les Collèges, les Douze, et autres magistrats du premier ordre, en tout cent vingt-cinq personnes environ. Les projets de loi y devaient obtenir encore la majorité des deux tiers, avant d'aller devant *le Grand Conseil* lui-même. En cas d'opposition, le Gonfalonier les défendait dans l'une et dans l'autre assemblée. Au surplus, on ne parlait jamais contre la loi dans les Quatre-Vingts ni dans le Grand Conseil, mais seulement entre les Seigneurs et les Collèges. Le Grand Conseil était nombreux : le *quorum* exigé atteignait 800 membres, mais il n'était pas rare qu'il y eût 1 500 ou 2 000 présents, parfois près de 3 000. La base de l'État florentin était donc assez large, mais on ne se lassait pas de l'élargir davantage. Chaque année, de ceux des habitants qui, tout en étant sujets à l'impôt, n'étaient point admis aux magistratures, on en soumettait soixante au scrutin; chaque année, on en laissait quelques-uns entrer dans le Grand Conseil et concourir pour un emploi.

Restent les recours en justice ou « appellations ». Ils se faisaient à la Seigneurie, mais en vain, car elle donnait par principe toujours raison aux magistrats. Dans des cas exceptionnels, il s'ouvrait un recours indirect aux Dix, parfois un peu moins illusoire, quand on y pouvait prendre à partie quelque fonctionnaire sur lequel ils avaient la haute main. Pour les crimes politiques, il n'y avait pas de tribunal constitué. Au besoin, on montait une sorte de Haute-Cour, saisie de la poursuite par les Huit et nommée la *Quarantia*, parce qu'elle aurait dû se composer de quarante membres (mais elle en compta jusqu'à soixante-cinq). Les condamnés pouvaient en appeler de ses sentences au Grand Conseil; toutefois, comme ils ne le faisaient généralement pas, ce droit se périma par caducité.

En somme, tout partait du Grand Conseil, ne fût-ce que par l'élection, et tout y aurait pu revenir par le recours. Les institutions de Florence étaient donc représentatives, presque parlementaires, à demi démocratiques. Pour qu'elles le fussent complètement, il eût suffi que tous les habitants fussent citoyens, car, dès qu'on était citoyen, on pouvait tout être. Mais qu'ils ne le fussent pas tous, et que tous ne pussent pas tout être, c'était sans doute une cause de trouble qui s'ajoutait à beaucoup d'autres. Quiconque, en effet, était tenu à l'écart poussait aux portes et de temps en temps jetait des pierres dans la maison. Trop souvent il se rencontrait des mécontents qui excitaient la foule en la caressant ou en la fouettant et faisaient naître des occasions de brouiller l'État.

Pour remédier à cette confusion, l'invention n'était pas fameuse d'enter un rameau de plus sur un tronc qui en portait et en laissait dépérir ou pourrir déjà tant. Ç'avait été pourtant la première idée. On avait songé à créer un nouveau Collège, un nouveau Conseil de vingt, quarante, soixante membres, sans empiéter sur l'autorité du Grand Conseil, à l'exemple des *Pregadi* de Venise; et, dans ce plan, nous pouvons, — rapprochement piquant, — soupçonner la main de Pagolantonio Soderini, frère de Piero. En tout cas, il est remarquable que le modèle qui s'offre à l'imitation de la République démocratique de Florence, lorsqu'elle souffre d'un vice de ses institutions ou de leur pratique, soit ordinairement la République aristocratique de Venise.

On espérait, par la création d'un Conseil encore nombreux, quoique plus sévèrement choisi, donner le change au peuple, qui se méfiait à l'extrême de tout ce qui pouvait paraître « restreindre l'État » à son préjudice, et se montrait jaloux au dernier point de tout ce qu'il regardait comme ses droits. Mais il ne se méfiait pas moins et peut-être était-il plus jaloux de plusieurs que d'un seul. Aussi aimerait-il mieux voir s'interposer entre lui et le pouvoir un homme qui pourrait être à lui que des hommes qui ne seraient pas issus de lui. Un chef peut être encore un serviteur; des seigneurs sont toujours plus ou moins des maîtres. C'est par cette pente du sentiment populaire qu'on en vint peu à peu à l'idée d'un Gonfalonier perpétuel, d'un Président de la République, à qui serait remise non seulement la représentation, mais la plus grande part de la puissance, et qui deviendrait l'arbitre non seulement entre les partis, mais entre les classes. A telle fin fut votée, non sans peine, la loi du 16 août 1502.

Il était évident que ce qui manquait le plus parmi tout ce qui manquait, c'était la durée, puisqu'une magistrature de deux mois n'était qu'un passage et ne permettait rien. Un citoyen de grande réputation, Alamanno Salviati, prit l'initiative de la réforme, battant le fer pendant qu'il était chaud, tandis que la Seigneurie était bien disposée. On ne s'avançait néanmoins qu'avec timidité, au milieu des hésitations, entre le pour et le contre : d'accord sur le principe même, on ne l'était pas sur la période. On redoutait d'aller de trop court à trop long. De la durée, oui, mais la perpétuité? Comme si la perpétuité des honneurs et des pouvoirs de ce monde n'avait pas son terme assez proche dans la mesure de nos jours, car nous disons « perpétuel » de ce qui est à vie, — et c'est peu dire!

Quelqu'un proposa donc trois ans, et l'on se ralliait à cette transaction, lorsque, par une

manœuvre vieille comme les assemblées, des
adversaires radicaux du projet, dans le dessein
de faire tout échouer, mirent la surenchère,
représentèrent que ce n'était pas suffisant,
demandèrent que le Gonfalonier fût perpétuel,
élu à vie. Mais, dans le même instant qu'on le
créait, on l'enchaîna. On prit un soin rigoureux
de multiplier autour de lui les précautions et les
prohibitions. Il fut décrété que l'élu devrait ne
pas avoir moins de cinquante ans; que ses fils ne
pourraient pas être des trois Collèges principaux; que ses frères et les fils de ses frères ne
pourraient pas être des Seigneurs; que ni lui ni
ses fils ne pourraient exercer art ou marchan-
dise, de peur qu'ils ne fussent tentés d'abuser
de leur position. Le Gonfalonier recevrait un
traitement annuel de douze cents ducats. S'il
« se conduisait mal » (première application,
retournée, de la formule *during good behaviour*,
qui n'est donc pas spécifiquement anglo-saxonne),
il pourrait être privé de sa charge par les Seigneurs et les Collèges, les Dix, les Capí-
taines du parti guelfe et les Huit réunis ensemble, à la majorité des trois quarts des voix,
cette réunion pouvant être convoquée sur la
demande de l'un quelconque des Seigneurs. Il y
avait par conséquent, et ce point est à retenir,
un moyen légal de démettre de sa fonction le
Gonfalonier dit perpétuel.

Par contraste avec toutes ces exclusions, de
tendance anti-aristocratique, étaient admises des
inclusions, de tendance nettement et même un
peu bassement démocratique. Pourraient être

élus même ceux qui étaient frappés d'incapacité générale par interdiction ou inscription sur la liste noire. On ouvrait l'accès du pouvoir suprême à ceux mêmes qui appartenaient aux Arts mineurs, ce qui se fit soit par inadvertance, soit délibérément pour obtenir de meilleure volonté l'adhésion des petits métiers.

Toutefois, ces satisfactions accordées à l'esprit démocratique étaient plus apparentes que réelles, à cause du mécanisme compliqué de l'élection où tout de suite les candidats se trouvaient engagés dans la série des barrages. D'abord on assemblait le Grand Conseil, auquel pouvaient intervenir tous ceux qui « avaient le bénéfice », c'est-à-dire tous ceux qui avaient le droit de cité, tous les « citoyens », fussent-ils *a specchio* ; en fait, à ce moment, de 2 000 à 3 000 Florentins. (Être *a specchio*, c'était être « noté », par exemple, pour n'avoir pas payé l'impôt; et plus d'un, qui eût pu l'acquitter, ne le faisait pas, afin de se mettre hors d'état d'être envoyé en commission ou en ambassade : honneur, on le sait, coûteux, presque ruineux.) Chacun des membres du Grand Conseil « nommerait » qui lui semblerait bon ; « nommer » signifiant ici « proposer le nom » d'un candidat; puis tous les noms ainsi proposés seraient soumis à un premier scrutin. Ceux qui réuniraient la majorité absolue, la moitié des fèves noires, plus une, entreraient entre eux en ballottage, deuxième tour. Enfin, troisième tour entre ceux qui auraient franchi victorieusement le deuxième passage : dernière et décisive épreuve d'où celui qui l'emporterait avec la moitié des fèves plus une et plus de suffrages que ses compétiteurs, s'il lui en était resté, sortirait gonfalonier de justice à vie.

On se flattait, en combinant l'agencement de ces cribles de diverses grosseurs sur une base assez largement populaire, mais qui allait se rétrécissant, de ne laisser passer que du grain trié et mondé, de la plus parfaite maturité possible. Certaines résistances n'avaient pas encore désarmé, surtout dans le Conseil des Quatre-Vingts, et pour un motif égoïste. Beaucoup qui, avec une magistrature de deux mois, croyaient avoir six chances par an d'arriver une fois ou l'autre au poste de gonfalonier à court terme ne voulaient pas d'une réforme qui coupait les voies à leur ambition. A ces raisons intéressées se mêlaient des inimitiés ou simplement des antipathies, à mesure que se dessinait le courant de la faveur; et, par exemple, Bernardo Rucellai combattait la création même d'un gonfalonier perpétuel, parce qu'il détestait le candidat à qui le vent commençait à souffler en poupe. D'autres, au contraire, par excès de prudence, et dans l'espérance d'un heureux début qui commande souvent l'avenir des institutions, voulaient se ménager un peu de temps pour y penser et chercher l'homme. Tous les obstacles franchis, et cette présidence de la République définitivement créée, il restait le choix de la personne. Ce serait une erreur de croire que, même dans la démocratie extrême, ce point ait jamais été sans importance.

II

L'élection eut lieu le 22 septembre. Comme il est sage d'appeler sur des actes de cette conséquence la bénédiction divine, on avait, les jours précédents, porté en procession à travers la ville l'image de Notre-Dame dell' Impruneta. Un nombre considérable de citoyens, — environ 2 000 d'après Ammirato et Parenti, plus de 2 000 selon Guichardin, près de 3 000 au dire de Donato Giannotti, — prit part aux opérations dans le Grand Conseil.

Pour commencer, tout membre de l'Assemblée qui le voulut jeta un nom. Il y en eut ainsi 60 de prononcés selon Nardi et Giannotti, environ 200 ou plus de 200 suivant Parenti et Guichardin, 226, dont 10 seulement des Arts mineurs, d'après Ammirato. Parmi ces compétiteurs désignés, « la fleur de la Cité », déclare Giannotti, mais aussi, remarque Parenti, « quelques hommes vils et sots, en dérision de la chose. » Il faut toujours et partout qu'il y ait des électeurs qui s'amusent ! (Machiavel a d'ailleurs signalé dans les pratiques de l'ancienne Rome ce moyen plutôt grossier de discréditer une fonction.) Mis immédiatement aux voix, trois noms sans plus furent retenus : celui de Messer Antonio Malegonnelle, docteur ès lois, appuyé par les *statuali*, les « Constitutionnels », disons les « Ré publicains modérés », les « Doctrinaires », les gens du « Centre »; ce Giovacchino di Biagio Guasconi, que Guichardin nous a présenté comme un ambassadeur indésirable, mais dont, il est vrai, Parenti et Ammirato parlent plus favorablemeut. Bien venu chez les « Frateschi », ce qui le rattache aux partisans de Savonarole, il avait été acclamé la veille, au couvent même de San Marco, dans une réunion de 300 personnes. Piero Soderini, enfin, était le candidat des « démocrates ». Nous dirions maintenant, en France, que c'était un « républicain de gauche ».

Au deuxième scrutin, Malegonnelle et Guasconi furent éliminés. Au troisième, Soderini fut élu. Il était alors absent de Florence, en qualité de commissaire à Arezzo. C'est là que la nouvelle alla le trouver, plus ou moins attendue de lui. Il ne marqua aucune hâte de revenir, s'arrêta dans le Casentino, puis, quelques jours après, rentra chez lui, d'où il ne sortit pas avant que le résultat eût été rendu public. Ce résultat, quand il fut officiellement proclamé, ne surprit personne : comment garder le secret dans une assemblée de 2 000 membres? Si l'on ne savait pas la fin, on savait qu'il était demeuré seul pour le troisième tour. Si l'on ne savait pas positivement que c'était lui le vainqueur, on savait que ce ne pouvait être un autre que lui.

Son succès rencontra une approbation presque générale. Piero Soderini avait à peine l'âge requis : sa cinquantième année venait d'être révolue. Guichardin, qui ne l'aimait guère, dit qu'elle ne l'était pas encore : mais si, puisqu'il était né le 17 mars 1451 (1452) et que l'élection s'était faite le 22 septembre 1502. Ses adversaires eux-mêmes, ou ses amis les plus tièdes, espèce souvent pire, conviennent qu'il était de bonne maison, et pourtant « pas encombré d'une parenté trop abondante ». Il était riche et sans enfants. Ammirato insiste là-dessus : « Ce qui chez les autres hommes est une sorte d'infélicité, qui est de n'avoir pas de fils, fut en lui réputé très heureux, au bénéfice de la patrie, en lui enlevant l'occasion de se hausser l'esprit à de plus grands desseins. »

Il passait pour un homme de sens et de gravité. On le considérait comme un ami du peuple et du Grand Conseil, organe populaire. Guichardin ajoute, ou à peu près : « Il avait la langue bien pendue. » Joint à cela que, depuis 1494, il n'avait pas épargné ses fatigues au service de la République. Où d'autres citoyens estimés comme lui avaient fui les devoirs onéreux, il ne s'y était jamais dérobé. Après ce qu'on a dit de la médiocrité de beaucoup de ceux qui acceptaient, cette constatation pourrait ne pas paraître à son éloge : toujours est-il qu'à force d'entendre répéter son nom, la masse avait fini par se persuader qu'il était le plus digne.

Il avait été fortement soutenu par les Salviati, Alamanno et Jacopo, à la tête d'une grosse clientèle, très en crédit et en grâce auprès du peuple, à qui leur âge ne permettait pas encore de travailler pour leur propre compte, et qui, au surplus, le poussaient, non par alliance ou amitié avec lui, mais parce qu'ils pensaient sincèrement que son administration profiterait à la Cité. Leur aide fut si efficace qu'il lui dut « le quart de sa faveur ». En somme, pour tout cet ensemble de qualités et de circonstances, l'avènement de Piero Soderini fut accueilli avec satisfaction. Une protestation timide avait été élevée contre son élection, par ces motifs qu'il n'y aurait eu entre ses deux magistratures, la temporaire et la perpétuelle, qu'un intervalle de dix-huit mois, tandis que la loi en exigeait un de trois ans, et, en outre, que, pendant qu'il était en fonctions, tel et tel de ses parents Soderini siégeaient en même temps parmi les seigneurs et dans les collèges, contrairement en effet aux dispositions de la loi. Cette voix discordante s'éteignit dans le murmure d'espérances que la renommée du Gonfalonier faisait naître : on attendait de lui non seulement une ère de prospérité, mais la fondation par ses œuvres d'un régime « si bon et si saint » que la Cité pût en jouir longuement, délivrée enfin de ses agitations et de ses soucis.

Je ne songe pas à retracer dans la succession des faits et des dates le Gouvernement de Piero Soderini. Ce serait toute une « Histoire de Dix ans » qu'il faudrait écrire, et l'on ne saurait l'enfermer entre les murailles de Florence. Elle aurait nécessairement des retentissements très lointains, Milan, Venise, Rome, Naples, Pise, Bologne, et, par delà les monts ou les mers, toucherait le roi de France, le roi d'Espagne, l'Empereur. Mon objet est bien plus modeste. Je le rappelle en le précisant : il ne s'agit que d'un petit problème de psychologie.

On vient de voir de quelle rumeur de joie avait été saluée l'accession de Piero au pouvoir suprême : il ne semble pas qu'il n'ait soufflé sous ce feu qu'un vent de popularité qui s'use par sa propre force et retombe aussi vite qu'il s'est levé. On a vu, d'autre part, dès notre préambule, de quel sarcasme gonflé de pitié méprisante Machiavel aurait accompagné la dépouille à peine refroidie du Gonfalonier perpétuel. Déjà, dans son Premier Décennal, — *Decennale primo*, — Histoire de dix ans, précisément, mais des dix années précédentes, sorte de gazette rimée des événements arrivés en Italie de 1494 à 1504, rédigée au cours de l'automne de 1504, et publiée seulement au mois de février 1506, Machiavel avait voué, ou décoché, quelques tercets à Piero Soderini. Longtemps ce passage, tel que le donnaient les anciennes éditions, a été inintelligible. Malgré les corrections de M. Tommasini, faites d'après les manuscrits de la Magliabecchiana et de la Laurentienne, il demeure équivoque, au moins quant à ses intentions.

Cette version rectifiée permet l'interprétation suivante :

Quand donc fut venu le jour si tranquille — où votre peuple rendu audacieux — créa le porteur de son étendard,

Les deux cornes d'un cerf furent aptes — à ce que sur leur Solide Pierre — on pût édifier votre paix (1).

Une allusion et un calembour. Les cornes du cerf, ce sont les armes des Soderini : trois ramures de cerf, d'abord d'argent, puis d'or sur

______

(1) Encore notre traduction est-elle un peu libre. Mot à mot, il faudrait dire : « Les deux cornes d'un cerf *en* furent capables (de porter l'étendard ?) afin que, etc... ».

champ de gueules. Comme celles des Malatesta, qui s'en blasonnaient eux-mêmes jusque sur leurs pierres tombales, — témoin l'épitaphe atrocement railleuse de Sigismond (1) — les armoiries de la *gens Soderina* ont fourni aux conteurs, par exemple à Bandello, une facile matière à plaisanteries. Mais ce n'est pas dans cette direction que s'exerce ici la fantaisie de Machiavel. Il ne pense qu'à la politique : le reste est pour ses comédies, pour *la Mandragore* et *Clitia*. La « solide pierre », la *Soda Petra*, c'est un jeu de mots médiocre sur le nom de Pierre Soderini. Et le « tout de la charade, » si j'ose m'exprimer ainsi, c'est que le peuple florentin avait choisi Piero Soderini pour gonfalonier parce qu'il l'avait cru capable de fonder sa liberté. Le peuple ignorant l'avait cru ; mais les connaisseurs, Machiavel lui-même ? Il semble en avoir parlé comme s'il le croyait. Les deux tercets cités plus haut sont en effet suivis d'un troisième qui conclut :

Et si quelqu'un boude ce régime, — pour quelque raison, il pourrait n'être pas — de ce monde bon géomètre.

Mais l'obscurité de ces couplets enveloppe-t-elle une moquerie ? Est-elle à double sens et à double fin ? Machiavel veut-il faire entendre ce qu'il ne peut pas dire, en piquant son lecteur à le deviner ou en le disant par antiphrase ?

(1) Tirée à la fois de son nom et de ses armes : « Je porte les cornes, tout le monde les voit. Mais tel aussi les porte, et ne le croit pas. »

M. Tommasini l'insinue : il déduit cette explication d'un rapprochement avec d'autres textes, qui, je l'avoue, ne me convainquent pas. D'ailleurs, celui-ci est ce qu'il est, mais celui de l'épigramme sur la descente aux Enfers est d'une parfaite clarté. Pluton renvoie dans les Limbes, parmi les bambins, l'âme « imbécile ». *Anima sciocca* : le dictionnaire donne : « sot » et « bête ». Personne n'est jamais allé jusqu'à appliquer à Soderini, avec une apparence de justice, ni l'un ni l'autre de ces qualificatifs. Tout au plus pourrait-on songer à de la faiblesse, et beaucoup moins à de la faiblesse d'esprit qu'à un défaut de caractère. Pour condamner éternellement à la compagnie des petits enfants l'âme de Piero Soderini, par ce motif, qu'elle aurait été « imbécile », il fallait que Machiavel ou, quel qu'il fût, l'auteur de l'injurieux quatrain eût des griefs, qui ne pouvaient être que privés ou publics, personnels ou politiques. A moins qu'il ne s'en soit soudain révélé un, si fort, si décisif qu'il les ait réunis tous, mêlant la double rancune, après la double offense, du citoyen trahi dans ses idées et de l'homme atteint dans ses intérêts

III

Pendant toute la durée du Gouvernement de Soderini, de 1502 à 1512, il est constant que Machiavel ne dut légitimement avoir contre le Gonfalonier aucun grief personnel. Bien au contraire. Si la sympathie bienveillante que Piero lui témoi-

gna n'était pas antérieure à son élévation, si elle
ne remontait pas au moins à sa première magistrature, elle fut immédiate et elle resta fidèle.
De la part de Soderini à l'égard de Machiavel, on
n'aperçoit pas qu'il y ait eu de refroidissement.

Il n'existe point, que nous sachions, de lettres
de Machiavel au Gonfalonier en exercice, et la
distance hiérarchique, infranchissable de bas en
haut, en est probablement la cause, mais nous
avons une demi-douzaine de lettres du Gonfalonier au secrétaire des Dix, lorsque Machiavel
était en mission au dehors. La première est du
22 octobre 1502, un mois après l'élection de
Piero Soderini ; la dernière, du 13 avril 1521,
presque dix ans après sa chute. Dans ce long
intervalle d'environ vingt années, l'intérêt que
le Grand Chef ou l'ancien Grand Chef porte à
ce subordonné qui est un grand maître, ne s'est
pas démenti un instant.

Il y aurait bien de la solennité à dire de ces
lettres que ce sont des lettres officielles ; mais ce
sont, pour la plupart, sauf la première et surtout
la dernière, des lettres d'affaires ou plutôt de
service ; moins encore, de simples billets. En
général, elles n'ont rien de très remarquable. S'il
ne nous était parvenu que ces quelques fragments d'une correspondance rare et sèche, nous
connaîtrions fort peu de chose des relations de
Soderini et de Machiavel. Heureusement, il y a
les confidences de Biagio Buonaccorsi, du fidèle
Biagio, type accompli de l'employé dévoué au
patron, et toujours prêt à se battre ou à solliciter
pour lui, en brave « stradiote de Chancellerie, »

— l'expression est de ce bureaucrate qui emploie volontiers des métaphores truculentes. — Biagio nous apprend donc que dans toutes ses tribulations ou dans tous ses tracas, contre tous les envieux (et il n'en manque point), Machiavel peut compter sur la protection de Celui d'au-dessus, — *Superiùs,* — de Celui qu'il sait bien, — *Quem nosti.* — Celui-là qui est au-dessus de toutes manières, à l'étage supérieur du Palais et au sommet de l'État, aucun doute : c'est le Gonfalonier lui-même, c'est le « Président » en personne. Dès 1502, Machiavel a sa faveur. Il ne l'a pas perdue, et il en reçoit un témoignage insigne en 1509, quand se déclenche contre lui l'étrange intrigue qui tend à lui enlever sa place, sous le prétexte qu'il serait fils d'un père bâtard, et comme tel, exclu de certains emplois. Il l'a conservée, cette faveur agissante, en août 1512, à la veille de la chute de Soderini. Bien plus encore : du fond de l'exil, Piero s'efforce de le tirer du loisir forcé et de la gêne pécuniaire qui tous deux le rongent sans qu'on puisse dire lequel de ces deux vautours le dévore le plus. Il lui écrit :

A mon très cher Nicolas Machiavel, à Florence.

Très cher Nicolas. Puisque le parti de Raguse ne vous a pas convenu (1), comme le seigneur Prospero [Colonna] m'a demandé un homme

(1) Aussitôt après sa démission imposée, Piero Soderini s'était réfugié à Raguse. Déjà préoccupé du sort de Machiavel, il lui avait ménagé le moyen d'être nommé secrétaire de la Cité, poste que Machiavel avait refusé.

capable de gérer ses affaires, connaissant votre
foi et capacité, je vous ai proposé à lui. Vous lui
plaisez beaucoup, parce qu'il vous connaît de
réputation : il m'a donc chargé de vous demander.
Le traitement sera de 200 ducats d'or, plus les
dépenses : pensez-y, et, si vous acceptez, je vous
engagerais, sans en parler, à être ici avant que
là-bas on sache votre départ : je n'ai rien de
mieux à vous offrir pour le moment ; et, en tout
cas, je juge que cela vaut beaucoup mieux que
de rester à Florence à écrire l'histoire contre
espèces sonnantes. Portez-vous bien.

Rome, le 13 avril 1521.

Votre PIETRO SODERINI.

Les lignes de la fin seraient de trop, et on les
regretterait, si elles n'étaient un document, le
plus direct qui se puisse produire, à la fois sur la
bonté du cœur et sur la médiocrité de l'esprit de
Soderini. L'histoire écrite pour de l'argent,
« pour des florins de marque, » — *a fiorini di
suggello,* — dont Soderini parle avec tant de
dédain, c'est cette histoire de Florence, commandée par le futur pape Clément VII, où
Machiavel, retrouvant le ton et le style de la
grande école antique, ébauche en même temps la
méthode de la grande école moderne, qui rompt
avec les fantaisies de la fable comme avec les
puérilités de la chronique, et qui fait précéder
chacun de ses livres d'un préambule aussi simple
que majestueux dans lequel la pensée extrait la

substance durable des faits et les ordonne en leçons. Ah! non, il n'eût pas mieux valu que Machiavel y renonçât pour devenir une espèce d'intendant chez le Seigneur Prospero Colonna! Gages pour gages, plutôt « l'habit royal » de l'historien que la livrée du domestique; et quant à la faiblesse que Machiavel aurait eue de vendre sa plume à un Médicis, Piero Soderini devrait l'en reprendre moins sévèrement, lui qui, sans avoir l'excuse du besoin, rappelé d'outre-mer grâce à la mansuétude pontificale, ne se croyait nullement diminué pour s'être ménagé un asile à la cour de Léon X.

Mais la question n'est pas tant de définir quels furent les sentiments de Soderini envers Machiavel que de démêler ou deviner, si l'on le peut, quels furent ceux de Machiavel envers Soderini, ce qui permettrait et de fixer le vrai sens des tercets du *Decennale primo*, et de connaître le motif qui dicta l'épigramme funéraire contre le Gonfalonier.

C'est un fait assez suggestif, que ce *Decennale primo*, qui contient les tercets équivoques sur le cerf vexillifère et la Soda Pietra, ait été, en novembre 1504, dédié à Alamanno Salviati. A cette date, Alamanno, qui avait été l'un des patrons de la candidature de Soderini, s'est éloigné du Gonfalonier. Leur amitié s'est ou dénouée ou relâchée. Guichardin nous a dit pourquoi : histoire de clientèle desservie, pardessus laquelle s'était greffée cette année même une histoire de mariage empêché. Que de mal ces dissentiments et ces ressentiments privés continuaient de faire à Florence! Dans ces petites Républiques closes, il s'opère entre les choses un mélange singulier : les affaires particulières y prennent tournure d'affaires d'État, et les affaires d'État, en revanche, s'y réduisent souvent à des affaires particulières. Des Salviati, des Soderini, les uns contre les autres, qui avait tort et qui avait raison? Peu nous en chaut. Le seul point qui nous intéresse est qu'en 1504, Piero Soderini et Alamanno Salviati étant en délicatesse, c'est à Alamanno que Machiavel, subordonné et protégé de Piero, dédiait son Premier Décennal. C'est lui qu'il honorait comme l'homme qui avait le mieux mérité de la patrie, qu'il louait poétiquement d'avoir guéri « trois des quatre mortelles blessures de la République, » en pacifiant Pistoja, en récupérant Arezzo, en provoquant la réforme de l'État. Pourtant, deux ans plus tard, et quelques mois après que le Décennal a été pour la première fois imprimé sous le titre latin de *Compendium rerum decennii in Italia gestarum,* retentit, en octobre 1506, un autre son de cloche. Dans un souper de bons compagnons, Alamanno s'est, paraît-il, laissé aller, parlant de Machiavel, à le traiter de « ribaud ». Pour que, malgré l'hommage tout frais encore du Décennal, (car on ne peut, décidément, supposer que l'Alamanno du souper de Bibona ne fût pas Alamanno Salviati) (1), il en fût là vis-à-vis de Machiavel, il fallait qu'il se fût passé entre lui et le Secrétaire quelque chose de grave, que nous

(1) V. plus haut, chap. II, p. 46.

ignorons. Mais alors, si l'intention de Machiavel, en dédiant son œuvre à ce personnage influent, avait été surtout de prendre une assurance contre le retour de la Fortune et de donner un gage aux adversaires du chef à qui il passait pour être très étroitement attaché, il aurait fait un mauvais calcul. Trop mauvais, trop subtil, il se serait trompé ; et sa manœuvre, en somme, n'aurait abouti qu'à le faire mépriser d'une part et, de l'autre, peut-être à le rendre suspect.

Cependant il ne semble pas que les dispositions du Gonfalonier envers lui en aient été changées. Je pencherais plutôt à incriminer les siennes. Quoique cette impression ne repose sur rien de positif, ni fait ni document, je n'ai pas une haute idée du jugement secret que Machiavel portait sur Soderini. Plus correctement, j'ai l'impression que Machiavel ne se faisait pas une haute idée du caractère et des capacités de Piero. Dans sa réponse à la lettre en *pappafico* (papefigue, perroquet), c'est-à-dire à la lettre en langage hermétique (1) ou simplement à la lettre chiffrée, que le Gonfalonier fugitif lui avait adressée à peine débarqué à Raguse, Machiavel dissimule mal la crainte que lui cause une attention intempestive qui risque de le compromettre. M. Tommasini, commentant cette réponse, la qualifie d'étudiée, fantaisiste, ambiguë, superbe, presque irritée (s'il est possible de concilier toutes ces épithètes). Nous y voyons plutôt, dans les

(1) Le « pappafico » était un « déguisement » que revêt quiconque veut aller secrètement en un lieu, d'où, par extension, un langage secret.

circonstances où un tel morceau a été composé, et de l'obligé au bienfaiteur, pis qu'une désinvolture choquante, une étonnante indigence de cœur. Qu'avait besoin le proscrit de cette dissertation pédantesque où pas un mot n'est chaud ou attendri? Pour l'honneur, sinon pour la gloire de Machiavel, on voudrait qu'il y fût, ce mot. Mais rien. Un mur hérissé de pointes sur lequel un bel esprit colle des maximes, avec un parallèle, balancé au long de quatre pages, entre Annibal et Scipion. C'est à se demander si toute la lettre n'est pas en langage figuré et si, elle-même, cette froide rhétorique n'est pas du *pappafico* où Soderini lut, sous des phrases vides pour nous, des paroles consolantes que nous ne savons pas retrouver.

Il n'y a qu'un instant, nous donnions tort à Piero d'avoir reproché à Machiavel de s'être mis à écrire l'histoire de Florence sur l'invitation et aux gages d'un Médicis. Mais ce tort tardif, ce mouvement en quelque sorte rétrospectif d'égoïsme ou de jalousie, le Gonfalonier déchu l'avait à l'avance effacé par une sollicitude infatigable qui peut-être lui créait un droit de remontrance. Et d'ailleurs Machiavel n'était pas sans torts de son côté. A l'heure où il gémissait : *Post res perditas,* il ne songeait qu'à ce qu'il venait de perdre et non point à tout ce que Soderini, lui d'abord, avait perdu. Sans doute même se disait-il avec colère que tout avait été perdu par la faute de Soderini. Une fin si pitoyable ne rehaussait pas le Gonfalonier dans son estime; elle le fixait pour toujours dans son esprit au rang au-dessus duquel il ne l'avait probablement jamais élevé.

L'opinion de Machiavel sur Piero devait être faite depuis longtemps ; peut-être depuis la première lettre qu'il en avait reçue, 22 octobre 1502. « Je n'ai encore écrit à personne, ni seigneur ni ami particulier, lui dit en substance le nouvel élu ; je juge convenable d'attendre que je sois installé au Palais ; je n'ai donc pas écrit même à cet illustrissime Prince (César Borgia, à la Cour de qui Machiavel est en ambassade avec l'évêque de Volterra, frère de Soderini). » Puis tout de suite il tombe à l'entretenir de six mulets volés par les gens du duc à Castel-Durante, qui font son tourment et celui des Dix. Qu'il offre ses compliments à Sa Seigneurie et puis (le Gonfalonier y revient) qu'il lui parle des six mulets à rendre à nos voituriers Marco et Jacopo Brinciassi ; qu'il l'en prie et qu'il insiste, *iterum* et *iterum!* Ce gros souci apaisé, Piero est tout entier aux menus soins du protocole : « Comme je l'ai dit, je me réserve d'écrire à Son Illustrissime Seigneurie lorsque je serai au Palais, dans la forme que je jugerai convenable à ma personne privée et à la publique. »

Il est à craindre que d'un seul coup, de ce premier coup, en le voyant descendre à ces détails, Machiavel n'ait pris la mesure de Soderini et ne se soit formé sur lui un de ces jugements qu'on a ensuite, — les gens de doctrine plus que tous les autres, — tant de peine à corriger. *L'anima sciocca*, l'âme imbécile, il se pourrait que c'en ait été, au regard aigu du

Secrétaire, la première et ineffaçable manifes-
tation. Ni gentillesses ni caresses n'y firent plus
rien. Elles tombèrent pendant dix ans en gouttes
aussitôt desséchées sur le tranquille dédain qui
enveloppait cette sentence irrévocable. Piero
n'avait pas été le candidat de Machiavel, qui eût
voulu Alamanno Salviati. Il ne serait pas pour lui
le maître qu'on aime servir parce qu'il remplit
ses desseins et les vôtres. Le patron n'était pas à
sa taille. Bon homme, oui, mais ce n'était pas
cet homme-là, qui, pour fonder ou pour sauver
la liberté, oserait « tuer les fils de Brutus. » Si
l'hypothèse que je fais ici est vraie, si Piero
Soderini était devant Machiavel jugé et classé
depuis le commencement de sa magistrature,
nous ne tenons pas encore tout à fait l'explication
cherchée, mais nous en approchons.

IV

L'éditeur des *Lettres familières*, M. Edoardo
Alvisi, dans l'introduction à ce recueil, blâme
précisément Piero Soderini d'être « trop incertain,
trop perdu dans les petitesses du gonfaloniérat. »
Il rappelle que, dès 1504, le secrétaire des
Dix, prévoyant la ruine, écrivait à Ridolfi : « Je
crois que vous vous endormirez ou par excès de
timidité, ou par défaut de pouvoir ; » et que ses
lettres si lumineuses, ses rapports admirables,
finiront par faire bâiller » *quegli sciocchi,* — le
mot y est, — « ces imbéciles » . Le Gonfalonier ne
se souviendra de Machiavel que beaucoup plus

tard, lorsque, pour le détourner d'écrire l'histoire, il lui offrira une place de scribe chez un capitaine de fortune, au demeurant sans fortune. Cette indifférence, qu'à notre avis M. Alvisi exagère un peu, expliquerait les lacunes de plusieurs années que nous avons signalées dans la correspondance de Soderini et de son chancelier.

Le moins qu'on puisse dire, c'est que Machiavel ne se sentait pas compris, ce qui est pis, pour un esprit de cette trempe, que de ne pas se sentir personnellement soutenu. On pourrait ajouter aussi qu'ennemi du genre « bonasse, » du *far paterno*, et sinon chef, au moins, oracle de l'école qui professe que « les États ne se gouvernent pas par des patenôtres, » il avait au fond peu de goût pour le « bonhomme » Soderini. Mais, là encore, il faut se garder d'exagérer et se méfier des inductions trop promptes. Il ne semble pas en effet que, pendant sa magistrature, les contemporains le mieux en position de le juger aient jamais accusé de faiblesse le gouvernement du Gonfalonier. Tout au rebours. Il y a de quoi nous étonner d'abord, mais regardons-y bien. Guichardin, qui n'aimait pas les Soderini et qui nous a laissé du cardinal Francesco un portrait dont le dernier accent est très dur, Donato Giannotti et d'autres, lui reprochent plutôt ses empiétements, ses usurpations, sa confiance en lui-même, son impatience du frein et de la balance, emblèmes de tout bon régime constitutionnel.

Le premier, Guichardin, après avoir approuvé en principe la création d'un Gonfalonier à vie, file la métaphore du bon nocher, mais il lui en veut d'avoir laissé la nef mal gréée et dépourvue des instruments utiles à la navigation. L'illustre historien fait remarquer que la réforme de 1502, l'institution du Gonfalonier perpétuel, n'a pas donné, sous le gouvernement de Piero Soderini, les résultats que l'on avait espérés, et il en recherche les motifs avec une subtilité dans les détours de laquelle on nous dispensera de le suivre. Il nous suffit que cette déception puisse être attribuée au fait que Soderini, à quelque penchant naturel ou à quelque calcul politique qu'il obéît, « ne conférait pas de toute chose avec la *Pratica* », ou, si parfois il la réunissait, n'en faisait pourtant qu'à sa tête ; bref, Guichardin le reprend presque d'un excès de personnalité, imputation qui s'accorde mal avec la figure effacée sous laquelle on a voulu peindre Soderini devant une postérité prédisposée à le traiter en nullité. Guichardin reconnaît d'ailleurs les qualités et même les premiers succès du Gonfalonier. Il loue sa bonne administration financière, sa sévère économie, que lui rend aisée une avarice familiale et privée, — celle de son frère le Cardinal et la sienne propre ; — sa chance même, qui, en le débarrassant successivement des Vitelli, des Orsini, du pape Alexandre VI, du Valentinois, a supprimé pour lui des occasions « extraordinaires ». Il lui reconnaît le triple mérite d'avoir élargi le recrutement des offices ; d'avoir amélioré la situation financière du Mont, d'avoir diminué les impôts, avantages qui lui avaient valu l'applaudissement universel. Guichardin ne conteste pas que quelques hommes jouissant d'une juste autorité, et quelques jeunes gens en passe d'acquérir de la réputation, ne se fussent donnés corps et âme à Soderini : ceux-ci par ambition, ceux-là par intérêt, et il les nomme. Pourtant, au risque de se contredire, il maintient que le gouvernement du Gonfalonier déplaisait à tous les personnages de qualité, vieux ou jeunes, qui estimaient que sa manière de vouloir tout faire par lui-même produisait deux mauvais effets : l'un, qu'il commettait nombre d'erreurs au détriment du public, l'autre, qu'il écartait et « enterrait » malencontreusement les hommes de bien. De plus, selon Guichardin, Piero Soderini n'aurait pris aucun souci de la justice ; de sorte que, sous ce rapport, après son élévation, la Cité n'aurait rien gagné ; elle aurait plutôt vu son mal empirer par négligence. Néanmoins, à cette date de 1504, où le Gonfalonier exerce sa fonction depuis deux ans seulement, « ou le désaccord restait couvert, ou il se manifestait peu. »

Mais, aussi bien, quelle était, d'après Guichardin lui-même, la grande cause de ce mécontentement encore caché? C'est que, négligeant les hommes importants et laissant en sommeil les magistratures rivales, Soderini s'appuyait contre les Dix, quand ils n'étaient pas de son avis, sur la Seigneurie et sur les Collèges par lesquels il s'assurait la faveur populaire. Ainsi fit-il par exemple en 1506, lorsque l'on parla de la venue de l'Empereur en Italie. Giovan Battista Ridolfi et quelques autres citoyens des plus réputés voulaient envoyer des ambassadeurs à Maximilien. Mais le

Gonfalonier était opposé à cette démarche, de crainte de déplaire au roi de France. Il l'empêcha facilement, grâce à la délibération générale qu'il provoqua. Si, sur certains points, et notamment sur l'état politique et moral de Florence avant l'institution du Gonfalonier perpétuel, de 1494 à 1502, Donato Gianotti se trouve en contradiction avec Guichardin, sur celui-ci du moins ils sont d'accord, à savoir que « l'autorité excessive que s'arrogea Piero Soderini lui aliéna les esprits des principaux de la Cité ». Par bonheur, fait observer Giannotti, « le cœur de Piero était tout entier tourné au bien public ; il n'empêche que cette manière de procéder ne fût violente et tyrannique, et d'un mauvais exemple. » Il ne fut pas un tyran, parce qu'il n'en avait pas l'âme ; mais, par les mêmes moyens, un autre après lui pouvait s'élever qui s'armerait de sa popularité pour la perte de la République.

Ammirato va plus loin et dit expressément que le Gonfalonier tomba parce qu'il avait voulu faire tout par lui-même et qu'il n'avait pas su intéresser assez d'amis à son maintien.

De toute façon, une revue attentive des actes de sa magistrature ne révèle pas un gouvernement faible. Ni dans la répression de la cabale fomentée par Luigi Mannelli, où il ne fut pas débonnaire, s'il ne fut pas impitoyable ; ni dans l'affaire du mariage manqué de son neveu Tommaso avec la fille de Pier Francesco de Médicis, où il fut plutôt imprudent que timoré ; ni dans celle qui, par la destitution de Ser Jacopo di Martino, le brouilla avec les Salviati, où il ne fut ni souple ni peut-être habile ; ni dans son attitude durant le siège de Pise ; ni dans les délibérations qui aboutirent à la création de la milice ; ni dans ses démêlés avec l'éternel mécontent Bernardo Rucellai ; ni dans la discussion des deux décimes et demi en 1506, où il exigea du Conseil cent six scrutins, sans succès d'ailleurs ; ni dans la poursuite intentée contre Alessandro Mannelli, accusé d'avoir assassiné sa femme ; ni dans une seconde histoire de mariage, très longue et très compliquée, entre la fille de Pierre de Médicis et Francesco Pitti, puis Filippo Strozzi, dont il prétendit faire un crime d'État ; ni lors de la conjuration de Prinzivalle della Stufa, ni à la nouvelle de la prise de Prato ; jamais ni nulle part, et pas plus à la fin, — sauf, comme nous le verrons, tout à fait à la fin, — mais presque jusqu'à la fin pas plus qu'au début de son gouvernement, Piero Soderini ne donna des signes de faiblesse si choquants qu'il en fût d'avance marqué pour l'épigramme. Sans doute, personne, je crois, n'a écrit de lui ce que Guichardin a écrit de son frère le Cardinal, et qui n'était peut-être qu'à moitié vrai du Cardinal lui-même, à en juger par sa correspondance diplomatique, qu'il était non seulement lettré, « mais d'une grande cervelle dans les choses de ce monde ». Peut-être même, par bonté, était-il un peu crédule, un peu « simple », c'est Guichardin qui le note à la date de 1508, en le raillant de s'être laissé duper par un « bas maquignon » de Pise. — *Troppo semplice!* — première amorce, premier son de l'*anima sciocca*.

Cependant il faut bien que Machiavel ait eu

une raison d'envoyer cette « âme imbécile » là-
haut dans le Limbe, parmi les autres bambins.

V

Il y en eut une, en effet. Une seule, mais
majeure. Depuis le pauvre pape Célestin V, dont
Dante flétrit la «lâcheté», personne n'avait, avec
tant d'abandon de soi, fait « le grand refus », à
première sommation. Personne, disposant du
pouvoir et habitué à s'en servir, ne s'était, avec
tant de hâte et si peu de résistance, à la fois
soumis et démis.

J'ai sous les yeux trois récits de l'événement,
celui de Machiavel lui-même, dans sa lettre de
septembre 1512 (sans indication de jour, mais
après le 16) à Alfonsina Orsini de' Medici ; celui
de Jacopo Nardi, au livre V de son *Histoire de
Florence;* enfin, celui de Scipione Ammirato,
dans ses *Famiglie fiorentine*, au chapitre consacré
à la famille Soderini, sous la rubrique : « De Piero,
le magnifique Gonfalonier à vie. » C'est cette
troisième version que je vais suivre, comme étant
la plus brève et contenant tout l'essentiel.

Avant de la reproduire, un mot d'avertissement
est nécessaire. La déposition de Piero Soderini,
dans les conditions où son consentement lui fut
arraché, sous la pression des Espagnols qui ve-
naient de prendre et de saccager Prato à dix
milles de Florence, de connivence avec le parti
des Médicis insurgé à l'intérieur de la Cité, au
milieu de l'affolement de la foule énervée par les

exagérations oratoires de l'ambassadeur Baldassare Carducci qui dépeignait abondamment, en couleurs violentes détrempées de larmes, le sang versé, les incendies allumés, les viols consommés, les sacrilèges perpétrés par l'armée du viceroi, cette destitution sommaire n'est ni plus ni moins qu'une révolution devant l'ennemi et sent la trahison. Peut-être n'est-ce pas une excuse à la défaillance de Soderini : au contraire ; peut-être eût-il dû d'autant plus se dresser et se mettre en travers. Mais voici maintenant le récit d'Ammirato :

Les choses se trouvant donc en cet état, et l'Italie étant pleine de troupes françaises et espagnoles, le Pape allié avec les Espagnols et les Florentins avec les Français, les Espagnols, après diverses péripéties prospères et malheureuses, s'étaient rapprochés de Prato et, suivis par les Médicis, s'emparaient de cette ville. D'où il advint que dans Florence, qui se trouvait, à cause de la guerre que lui faisait le Souverain-Pontife, combattue par les armes spirituelles et les temporelles, on commençait à murmurer et, comme c'est l'ordinaire, quand les choses vont mal, beaucoup s'attachaient à rejeter la faute de tout sur le Gonfalonier, qui, se sentant isolé et ne voulant pas faire partager avec soi les périls à ceux qui n'avaient pas partagé sa bonne fortune, donna prétexte aux gens qui ne l'aimaient pas, et qui espéraient améliorer leur position par un changement, de le précipiter de cette hauteur où la patrie, auparavant non encombrée de telles passions, l'avait placé. Ceux-ci furent Anton Francesco degli Albizzi, Pagol Vettori et Bartolomeo Valori, qui, étant allés le dernier jour d'août le trouver au Palais dans son propre appartement, tandis que les Seigneurs étaient avec la Pratica dans la salle de l'audience à siéger au Conseil des LXXX, lui signifièrent qu'il était nécessaire que, sans délai, il rentrât en son domicile privé. Ils le lui dirent au reste sur

un ton tel qu'il pût comprendre que, s'il ne le faisait
pas, il y allait de sa vie, par quoi, ou tout éperdu de
peur, ou parce qu'il ne voulait pas qu'à cause de lui la
Cité se divisât et qu'il s'élevât quelque tumulte civil, il
se mit en leur pouvoir. Tiré hors du Palais par une
partie d'entre eux, à l'insu des autres magistrats, il était
ainsi reconduit chez lui, quand, arrivé au Ponte à
Santa Trinità, l'angoisse qu'il éprouvait lui fit
demander en grâce qu'on le laissât entrer dans la
maison de Francesco et Pagolo Vettori, qui habitaient
sur le bord de l'Arno. Cela lui fut volontiers accordé,
et les autres, s'étant empressés de retourner au Palais
où s'étaient rendus en grand nombre parents et partisans des Médicis, se mirent en devoir de contraindre les
Seigneurs, qui devaient sortir d'office le soir même, à
rappeler les bannis et à destituer le Gonfalonier dans
les formes légales.

A cet effet, les Seigneurs, comme il était prescrit par
la loi, réunirent les Collèges, les Capitaines du parti
[guelfe], les X de la guerre, et les VIII de Balia avec
les Conservateurs des lois. On mit aux voix entre eux
la destitution du Gonfalonier, mais il ne se trouva que
neuf fèves noires (c'est-à-dire neuf voix *pour*). Lorsque
Pagolo Vettori, chez qui le Gonfalonier était resté, fut
informé du résultat, il s'avança et remontra à l'assemblée
qu'au lieu de travailler pour le bien de Piero, ils lui faisaient du mal, car il ne voyait pas comment il pourrait
retenir le peuple de le tailler en pièces. Les magistrats
l'en crurent sur parole et consentirent à la déposition;
aussi Soderini put-il partir la nuit suivante, accompagné
de Musacchio, capitaine de chevau-légers, jusque sur le
territoire de Sienne, d'où, comme on l'apprit ensuite,
il passa tranquillement à Ancône, puis, s'étant mis sur
mer, alla fixer sa demeure à Raguse.

Ainsi se joua, avec quelques détails qui la
chargent de couleurs et que je passe, cette scène
tragi-comique où le rôle de Soderini ne fut pas
brillant. Un jugement tranchant déclare qu'il s'y

«avilit». Pourtant Machiavel, même si en secret il aiguisait déjà ses flèches, est moins dur. Le Gonfalonier qu'il nous représente n'a point dépouillé toute dignité. Il a gardé le respect de sa personne et de sa fonction. A l'insolente mise en demeure des émissaires de l'Espagnol, il aura répondu d'abord « qu'il n'était venu à ce poste ni par ruse ni par force, mais qu'il y avait été élevé par le peuple ; si donc tous les rois de la terre ensemble réunis lui commandaient de déposer le pouvoir, il ne le déposerait jamais ; mais si le peuple florentin voulait qu'il le quittât, il le quitterait aussi volontiers qu'il l'avait accepté, lorsqu'on l'y avait appelé sans qu'il l'eût désiré. » Cette sérénité, qui lui faisait une espèce de majesté, ne l'aurait pas, au témoignage de Nardi, abandonné dans le malheur. Revenu de Raguse à Rome, où le Pape Médicis lui offrait l'hospitalité, un jour qu'un de ses concitoyens lui rendait visite, et le saluait en disant : « Il me semble que vous êtes encore le même Gonfalouier de justice que vous fûtes à Florence, » il l'interrompit : « Eh ! oui, je le suis. Car qui sont ceux ceux qui m'ont destitué? » Puis il reprit : « Je veux vous dire une chose : c'est que, si vous faites des gonfaloniers à vie, j'aurai été le premier, et si vous n'en faites plus, j'aurai été le seul. Mais non pas tel que j'aie laissé ma ville plus bas que je ne l'avais trouvée au commencement de ma magistrature. »

Tel quel en effet, il se définit assez bien par le verset qu'il avait adopté pour devise : *Justus ut palma florebit,* et par sa maxime favorite : «Il n'y a de sage que le patient et il n'y a de patient que le sage. » Nous le connaissons à présent. Il n'a pas rejeté les charges, il n'a pas brigué les honneurs. Quoique très riche et sans enfants, il est parcimonieux, mais autant du bien de l'État que du sien propre. Clément et modéré de nature, il n'use guère de la sévérité, mais il n'abuse pas de l'indulgence. Bienveillant pour chacun, il ne fait de mal à personne. Il aime l'ordre, ses comptes sont tenus avec une exactitude impeccable. Il a le culte de la justice, et peut se vanter de n'être jamais intervenu auprès des magistrats en faveur ni au préjudice de qui que ce soit. Osons écrire les grands mots du langage républicain : il est « vertueux » et « pur ». C'est un homme de juste milieu, équilibré, sensé, économe, honnête. C'est un homme d'intelligence moyenne, réfléchie, assez claire, pas très vaste ni très profonde. Un peu entêté de son opinion, il prend son personnage tout à fait au sérieux et ne se moque pas du peuple le moins du monde. Pas maladroit dans sa façon de le manier en le ménageant, un rien de plus, il serait un peu démagogue. Il ne manque pas de sang-froid quand les difficultés ne le touchent pas directement, ou quand il ne se heurte pas trop rudement aux obstacles, mais il est fertile en ressources : « Que voulez-vous que nous fassions? dit-il alors. Ne voyez-vous pas que l'ennemi nous tient dans un tonneau dont le fond est solide, et qu'il lui est aisé de nous harceler par la bonde? »

En somme, ce serait un bon Président de République bourgeoise par les temps calmes. Mais ce sont des *tempi forti*, et il n'est point fait pour les temps forts. Il est trop doux, trop scrupuleux, trop attaché à la légalité. Il est trop porté aux tergiversations, aux temporisations, aux transactions. Il se contente trop facilement des moyens termes et des demi-mesures. Devant les exigences de ces temps forts, il n'est pas de force : même quand il veut ou quand il doit faire une politique forte, même quand il la fait insuffisamment, car il ne suffit pas d'avoir la volonté de sa politique, ni d'en employer les moyens, il faut encore en avoir le caractère. Or, ce caractère, il ne l'a pas. L'homme fort, ni même l'homme de l'homme fort, ce n'est pas lui. Il a bien de l'estime, peut-être de l'admiration pour Machiavel, dont on dit que c'est son inséparable, qu'il lui est *intrinseco*, et cette confiance l'honore. Mais il ne l'utilise presque jamais qu'en subalterne, à des besognes secondaires. Où Machiavel est vraiment fort, vraiment grand, dans les périls publics, lorsqu'il crie : « Il faut tuer les fils de Brutus ! » un Piero Soderini ne l'écoute pas, ne l'entend pas, ou ne le comprend pas.

Pendant la période de sa magistrature où la nécessité le force à la force, il tend autant qu'il le peut, il bande tout ce qu'il a de ressorts, qui, tout à coup, lâchent et claquent. Le dernier jour d'août 1512, en face d'une douzaine de brouillons, qui ne sont même pas des émeutiers et qui n'ont personne derrière eux, tandis qu'il a encore le peuple entier derrière lui, il s'effondre. Non seulement il tombe, mais il s'humilie. Ce n'est pas une chute, mais une ruine. Machiavel, qui le voit se perdre, et qui croit y perdre, — quoiqu'il doive y gagner, avec la liberté de sa pensée, l'immortalité, — l'amer et hautain Machiavel, dans la gêne étroite où cette défaillance le plonge, en est rempli de colère, de pitié, de mépris. Il compare la fortune passée du Gonfalonier et ses talents, ses intentions et ses actes. Cette âme-là aux Enfers, où vont les forts qui précisément ont péché par les excès de la force? Non : dans les Limbes, au milieu des enfants!

Pour la postérité qui pèse les mérites et les destinées, il est d'une ironie édifiante de penser que, Machiavel étant déjà né dans Florence, c'est Piero Soderini qui fut Président de la République. Qui sait? L'épigramme vengeresse a peut-être coulé de cette intime blessure. Mais résignons-nous. Machiavel n'était pas, comme on dirait aujourd'hui, « dans la course ». Il n'était ni en cause ni en ligne. Si Piero Soderini ne l'avait pas emporté, c'est un politicien décrié comme Guasconi, un juriste maniaque comme Malegonnelle, qui aurait été élu, et la Cité, qui aurait dû avoir mieux que le premier, eût pu, par le deuxième ou le troisième, être plus mal servie. Ce n'est pas encore le pire des régimes que celui où, après la mort, les gouvernés ne relèguent les gouvernants que dans les Limbes.

CHAPITRE IV

ÉBAUCHE D'UN CORPS
DE MAXIMES MACHIAVÉLIQUES

J'ai dit qu'il n'y avait pas « une doctrine machiavélique », ni même « des doctrines » machiavéliques, mais seulement des maximes éparses dans tous les ouvrages de Machiavel, grands et petits, qu'il serait laborieux, sinon de rassembler, du moins de composer et de construire en un corps. On l'a pourtant plus d'une fois essayé, notamment en 1771 où fut publiée sous le titre : *La mente d'un uomo di Stato, L'esprit d'un homme d'État*, une compilation de ces maximes, qui voulait être « méthodique », et dont le défaut, en effet, était peut-être d'y prétendre trop. Moi-même, à mon tour, et l'un des derniers, j'ai tenté de les réduire en une sorte d'extrait concentré, mais j'ai, pour commencer, beaucoup trop concentré l'extrait. En trois opérations, je suis arrivé d'abord à une trentaine de lignes, puis à une quinzaine, puis à une dizaine (1). En les relisant aujourd'hui, il me

(1) Voyez *Le machiavélisme*, I. *Avant Machiavel*, p. 3 à 8; *L'influence des idées de Machiavel*, p. 10 à 13; *Le prince de Bismarck, psychologie de l'Homme fort*, premières pages.

semble que ce qui reste est bien, si on le veut, « de l'esprit de Machiavel ». Mais (qu'on me passe le rapprochement) j'y ai distillé trop peu de maximes : dix ou douze, au premier feu, puis trois ou quatre, enfin une ou deux, les plus générales sans doute, et qui formaient le fond de la pensée. Seulement, comme je l'ai remarqué, résumer ainsi une pensée si pleine et si abondante, la résumer encore, prêter à l'auteur ce langage, qui n'est pas proprement le sien, c'est commenter, interpréter, c'est dans une certaine mesure inventer. Inventer selon lui, mais lui ajouter, et d'autre part aussi, lui ôter.

Je ne veux ni l'un ni l'autre. Je ne veux le connaître et le comprendre que pour le rendre, avec l'extrême fidélité d'une intelligence qui ne peut valoir que ce qu'elle vaut, mais tout à fait sincère, soumise et captive. Reprenons donc nos textes. Les grands de préférence : ce sont eux, naturellement, qui nous fourniront le plus. Mais, dans les *mineurs* eux-mêmes, il pourrait y avoir à glaner.

Trois grands écrits avant les autres, grands soit par leur intention, soit, déjà, par leur volume : *Le Livre du Prince*, les *Discours sur la première Décade de Tite-Live*, l'*Histoire de Florence*, avec, en appendice, un quatrième, qui paraît plus spécial, plus technique, mais qui, çà et là, contient des préceptes, développe des conséquences allant au delà de son objet : *L'Art de la Guerre*. Ceux-là, incontestablement, sont, pour notre dessein même, les plus importants ; l'*Histoire de Florence*, surtout dans les introductions qui précèdent chacun de ses huit livres; l'*Art de la Guerre*, surtout dans les conclusions de ses sept livres. Mais les petits ouvrages, les ouvrages *mineurs* non plus, ne sont pas pour nous vains et vides. En aucun genre, et Machiavel a touché à tous les genres : il en a saisi quelques-uns d'une forte prise; sur quelques autres, il a seulement posé les doigts, mais il les a tous marqués : l'histoire romancée, ou le roman historique, dans la *Vita di Castruccio;* les notes biographiques, dans le récit du coup de Sinigaglia, où César Borgia se débarrassa si élégamment — et si effroyablement — des *condottieri;* les notes de voyage, dans les *Portraits des Choses de France* et *d'Allemagne;* la correspondance diplomatique, dans les *Légations*, et l'épître privée, dans les *Lettres familières;* la poésie de circonstance, dans les *Chants carnavalesques,* amusement de jeunesse; la chronique rimée, dans les deux *Décennaux;* le conte philosophique ou moral, et la satire, comme *l'Ane d'or*, les *Chapitres de l'Ingratitude* et *de l'Ambition*, et *Belfagor archidiable;* la comédie ensuite, — et presque la grande comédie, — avec *la Mandragore* et *Clitie*. Il faudrait, pour être complet, repasser, la plume en main, toute l'œuvre, multiple et touffue, de Machiavel. Mais on peut être exact sans être absolument complet, et ne dire rien que de vrai, sans se croire en état de jurer qu'on n'a laissé échapper rien qui eût mérité d'être retenu.

Le Prince, qui est incomparablement le plus célèbre des ouvrages de Machiavel, n'en est pourtant pas, à mon avis, le meilleur. Les *Dis-*

cours sur *Tite-Live*, l'*Histoire de Florence*, l'*Art de la Guerre*, sont de bien plus grands livres. Les *Discours* ne sont, pas plus que *Le Prince*, très rigoureusement composés. Il arrive, dans chacune des trois parties, que l'on rencontre des chapitres qui n'ont pas de raison d'être ici plutôt que là. Mais l'objet de l'auteur y est évident, indiscutable, d'une clarté totale, et, pour ainsi dire, à ciel ouvert. Pas de sens caché, pas d'arrière-intention, pas d'écriture déguisée : rien de secret, tout le monde peut lire et être sûr de ce qu'il a lu. Depuis quatre siècles, on se querelle sur la signification, le but ou le caractère du *Prince*. C'est une leçon, mais à qui? Au Prince, pour lui apprendre l'art de s'emparer de l'État, de se soumettre les citoyens et de s'en faire des sujets? Aux citoyens, pour leur apprendre à se soustraire aux manœuvres du Prince? Enseigner publiquement au Prince les moyens les plus courts d'acquérir l'État, les plus sûrs de le maintenir, n'est-ce pas enseigner en même temps aux citoyens la manière de prévenir le coup et de l'empêcher? Je crois, pour ma part, quant aux vingt-six chapitres du *Livre du Prince*, que c'est beaucoup plus simple, et je ne crains, par révérence superstitieuse pour le génie de l'auteur, que de le voir trop simple. Ce petit livre, qui fera explosion et remuera les fondements du monde, est de 1513. En 1513, Piero Soderini est tombé, les Médicis reviennent. Machiavel a été entraîné dans la chute du Gonfalonier. Il n'a plus ni fonction, ni traitement; ses affaires sont perdues. C'est désormais, réellement, la gêne, aux approches de la misère. Des recettes de son budget disparaissent environ 200 florins (dans les 9 000 francs?). Il lui reste, — d'après les documents que nous connaissons, — les 130 florins de l'héritage paternel, en maisons et en terres : mais il a de grosses charges. Par-dessus tout, à ne rien faire de précis, d'urgent, de quotidien, il s'ennuie. Le « bureau » est pour lui une habitude, dont il ne se résigne pas à se détacher. Il regrette, même indigne de lui, même absurde, tout ce qui lui passait chaque jour par les mains. Il souffre de la conscience qu'il a de ce qu'il vaut et de ce qu'il pourrait, du souvenir de ce qu'il a fait, et qu'il n'a plus à faire. Un peu vite, et dès le lendemain du départ forcé de Soderini, il se tourne vers les Médicis. Qu'ils le reprennent, qu'ils l'emploient à n'importe quoi, ne fût-ce qu'à « rouler une pierre » ! C'est pourquoi *Le Prince* est dédié à Laurent, et tout le livre, sans mystère, sans hermétisme, est dans cette dédicace. Il se trouvera que, par la force de propulsion de la pensée et du style de son auteur, sa portée sera infiniment plus longue, — une des plus longues que jamais, dans le temps et dans l'espace, l'œuvre d'un homme ait atteinte parmi les hommes, — mais je ne sais si Machiavel l'avait voulu. J'inclinerais à conclure qu'il ne s'était pas proposé de « parler *in generalibus* », mais tout bonnement dans un cas particulier, le cas de Florence en 1513, de Laurent de Médicis, le sien, que la puissance de sa vision et la violence de son amour étendaient, par delà, jusqu'à l'Italie,

libérée, unie, et, comme elle, ayant pour limite
« l'égoïsme sacré de la Patrie ».

Il demeure qu'à cause de la nature, du ton même
de ce petit livre, c'est dans *Le Prince* qu'il faut premièrement aller chercher les maximes machiavéliques dont on va tenter, le moins arbitrairement
qu'il sera possible, de faire un corps. L'analyse
attentive à laquelle j'ai procédé a laissé passer
nombre d'observations, de réflexions, et, si peu
que Machiavel sacrifie d'ordinaire à la phraséologie, quelques phrases à effet qui ne sont point
des maximes. Pour que l'on puisse sans peine les
extraire et les rapprocher, j'ai souligné et on va
pouvoir lire *en italique* ce qui m'a paru en être
authentiquement et constituer le squelette d'une
doctrine ou d'une méthode qui, pour n'avoir pas
été édifiée en système par Machiavel, sera cependant toute selon des formules de Machiavel.

MAXIMES MACHIAVÉLIQUES EXTRAITES

I. — DU LIVRE DU PRINCE.

Machiavel pose d'abord en fait que tous les États qui
ont eu et qui ont empire sur les hommes ont été et sont
ou des républiques ou des principats. Les principats
sont ou héréditaires ou nouveaux. Les nouveaux sont ou
entièrement nouveaux, comme Milan sous Francesco
Sforza, ou ajoutés à l'État héréditaire, comme le royaume
de Naples sous le roi d'Espagne. Les domaines ainsi acquis
sont ou accoutumés à vivre sous un prince ou habitués
à vivre libres; et ils s'acquièrent ou par les armes d'autrui, ou par les armes propres du Prince, ou par *la
fortuna*, ou par *la virtù*.

Et l'on peut traduire *la fortuna* par « la fortune », mais non *la virtù* par « la vertu », car ce n'est pas elle, avec la qualification morale que nous y mettons : c'est tout autre chose, et ce peut être tout le contraire. (Par un exemple extrême, si César Borgia a été pour Machiavel le type presque accompli du Prince, et, s'il en vante *la virtù*, oserons-nous écrire, en langage d'aujourd'hui, que, même après l'assassinat des Orsini et des Vitelli à Sinigaglia, il se soit avisé de lui décerner un certificat de « vertu » ?)

(Le Prince, Chapitre i.)

Dans les États héréditaires et accoutumés au sang de leur prince, il y a moins de difficulté à les maintenir que dans les États nouveaux, parce qu'*il suffit au Prince de ne point dépasser l'ordre établi par ses ancêtres, et puis de temporiser avec les accidents*. En sorte que, si un tel prince est d'une habileté ordinaire, il se maintiendra toujours dans son État, à moins qu'une force extraordinaire et excessive ne l'en prive ; et, privé qu'il en est, pour peu que l'usurpateur rencontre une circonstance défavorable, il le reconquiert.

Le Prince naturel (héréditaire) a de moindres raisons et une moindre nécessité d'attaquer (d'offenser = *offendere*) ; d'où il doit suivre qu'il soit plus aimé *(que le Prince nouveau)* ; et si des vues extraordinaires ne le font détester, il est raisonnable qu'il soit naturellement bien vu de ses sujets. Et dans l'antiquité et la continuité de sa domination sont éteints les souvenirs et les motifs des innovations : car *toujours un changement laisse les pierres d'attente pour la construction de l'autre.*

(Chapitre II.)

Dans les « principats » nouveaux, la difficulté est que *les hommes changent souvent de seigneur, croyant améliorer leur condition;* ce qui les conduit à prendre les armes contre qui les gouverne ; *en quoi ils se trompent, car ils s'aperçoivent ensuite qu'elle est pire.* Et cette difficulté vient à la fois de la nécessité de se faire des ennemis pour se saisir de l'État et de l'impossibilité de conserver ses amis dont les désirs ne sont pas comblés et contre lesquels le prince nouveau ne peut user de fortes médecines.

(Deux sortes d'États nouveaux, récemment acquis ou conquis : de la même langue ou non) :
Si les États nouvellement conquis sont de la même langue *(que l'État conquérant),* il y aura grande facilité à les réunir, surtout s'ils ne sont pas habitués à vivre libres. *Il suffit d'y éteindre le sang des anciens princes, et de les maintenir dans les mêmes conditions, en n'y altérant ni les lois, ni les impôts.*

Si, au contraire, il s'agit d'une province de langue différente, il s'élève des difficultés qui exigent un grand bonheur et une grande adresse. *Un des meilleurs remèdes et des plus actifs (littéralement : vivants) est d'aller y habiter.*

Des « colonies », envoyées en un ou deux endroits pour être comme les clefs *(chiavi)* ou les entraves *(compedi)* (1) de l'État nouveau, *dispensent d'une occupation coûteuse et n'offensent que les expropriés (une minorité).* Réduits qu'ils sont à la misère et dispersés, ceux-ci sont impuissants. Les autres sont indifférents ou terrorisés.

D'une manière générale, *les hommes se doivent ou caresser ou éteindre (supprimer = spegnere), car ils se vengent des offenses légères; des graves, ils ne le peuvent pas :* d'où il suit que l'offense qu'on fait à un homme doit être telle qu'on n'en puisse craindre la vengeance.

Celui qui est dans une province différente (de langue et de mœurs : *in una provincia disforme)* doit donc avoir soin :

1° *de se faire le chef et défenseur de ses voisins moins puissants ;*

2° *de s'ingénier à affaiblir les plus puissants qu'elle (la province);*

3° *de prendre garde qu'il n'y entre* par accident *un non moins puissant que lui.*

Tout prince sage doit avoir égard aux dangers (littéralement : scandales) non seulement présents, mais futurs, et y parer de toute son industrie, parce que, prévus de loin, il est facile d'y porter remède, mais, quand on attend qu'ils soient

---

(1) L'édition *Testina* de 1550 ne donne que « *le chiavi* ». « *Le compedi* » se trouve dans celle de 1813 (*Italia*), d'après le manuscrit de la Laurentienne. « *Sienno quasi compedi..* » L'édition Le Monnier (cinquième tirage, 1909) s'en tient au texte de la Testina. M. Michele Scherillo (1916) propose : « *compendii,* » qu'il explique par *particules, provins.* Obligé de choisir, je préférerais garder *compedi.*

proches, la médecine n'est plus à temps, et la maladie est incurable.

Il ne faut pas toujours s'en reposer sur la maxime : « *Jouir du bénéfice du temps,* » car le temps chasse devant lui toute chose et peut amener avec lui le bien comme le mal, le mal comme le bien.

C'est chose vraiment naturelle et ordinaire de désirer acquérir; et toujours, quand les hommes qui le peuvent le font, ils en seront loués et non blâmés; mais, quand ils ne le peuvent pas et veulent le faire à toute force, là est le blâme et l'erreur.

On ne doit jamais laisser se produire un désordre pour éviter une guerre, car on ne l'évite pas, mais [seulement] *on la diffère à l'avantage d'autrui.*

Quiconque est cause qu'un homme devienne puissant se ruine; car il en est cause par industrie *(par habileté)* ou par force; et l'un et l'autre de ces deux moyens sont suspects à celui qui est devenu puissant.

(Chapitre III.)

Un État gouverné par un prince dont tout le monde est serf, sera difficile à conquérir, mais facile à tenir. Un État gouverné par un prince et par des barons qui détiennent ce pouvoir non par la grâce du prince, mais par l'antiquité de leur race, *sera facile à prendre, mais difficile à garder. Dans le premier, il suffit d'éteindre le sang du prince,* puisque, après, il ne reste personne. *Dans le second, cela ne suffit pas,* car il reste ces

seigneurs, qui se font chefs des nouvelles alté-
rations, et, ne pouvant ni les contenter ni les
éteindre, tu perds cet État aussitôt que s'en présente l'occasion.

(Chapitre ɪᴠ) *(Résumé)*.

Il y a trois moyens de tenir les États qui, avant
d'être occupés, vivaient sous leurs propres lois :

1° *les ruiner;*

2° *aller y habiter personnellement;*

3° *leur laisser leurs lois, moyennant tribut, et y*
constituer une oligarchie.

Exemples : les Spartiates (Athènes et Thèbes), les
Romains (Capoue, Carthage, Numance). Les Grecs
créèrent à Athènes et à Thèbes un État de quelques-
uns, — *di pochi,* — et néanmoins les reperdirent.
Les Romains, pour tenir Capoue, Carthage et Numance, les défirent, — détruisirent = *disfeciono,* —
et ne les perdirent pas. Ils perdirent la Grèce quand
ils y imitèrent les Spartiates, et ils furent obligés d'y
détruire de nombreuses cités pour la tenir. *Car, en vé-*
rité, il n'est pas d'autre moyen sûr de les posséder que
la ruine.

Qui devient maître d'une Cité habituée à vivre
libre et ne la défait pas, qu'il s'attende à être défait
par elle, parce qu'elle a toujours pour refuge
dans la rébellion le nom de la liberté et ses anciennes institutions, qui, ni par la longueur du
temps, ni par ses bénéfices, — *godere il benefizio*
del tempo, — (ou, simplement, par les bienfaits),
ne s'oublient jamais.

Lorsque les cités ou les provinces sont accoutumées à vivre sous un prince, et que son sang y

est éteint, étant, d'un côté, accoutumées à obéir,
et, de l'autre, n'ayant pas leur ancien prince,
*elles ne s'accordent pas pour en faire un parmi
elles, et ne savent pas vivre libres,* de sorte qu'elles
sont plus lentes à prendre les armes, et qu'un
prince peut plus facilement les gagner et s'assurer d'elles. Mais, dans les républiques, il y a
une plus grande vie, une plus grande haine, un
plus grand désir de vengeance; la mémoire de
l'ancienne liberté ne les laisse ni ne peut les
laisser reposer; si bien que *la voie la plus sûre est
de les éteindre ou d'y habiter.*

(Chapitre v.)

De simple particulier devenir prince exige ou valeur
ou chance, ou *virtù* ou *fortuna.* Aux vrais grands
hommes la fortune fournit l'occasion. *L'occasion* est la
matière à laquelle *l'homme* donne sa forme. C'est une
partie de la *virtù,* que de savoir connaître *l'occasion.*
   *(Ces trois lignes sont une interprétation, un commen-
taire, mais non pas un texte de Machiavel.)*

*Ceux qui deviennent princes par les voies de la
virtù acquièrent le principat avec difficulté, mais le
conservent facilement.* [Cependant, d'une part], il
n'est rien de plus difficile à traiter, de plus douteux à réussir, de plus dangereux à ménager que
d'entreprendre d'introduire un nouveau régime.
[D'autre part], la nature des peuples est changeante; il est facile de leur persuader une chose,
mais difficile de les maintenir dans cette persua-
sion.
   *Tous les prophètes armés ont vaincu; désarmés,
ils se sont ruinés.* C'est pourquoi il faut *s'arranger*

de façon que, quand ils [les peuples] ne croient plus, on puisse les faire croire de force.

Il y a lieu de *distinguer si le Prince tient par lui-même ou s'il dépend d'autrui,* c'est-à-dire s'il faut qu'il prie ou s'il peut contraindre. *Dans le premier cas, il finit mal; dans le second, il est rarement en danger.*

(Chapitre VI) (1).

Au contraire, *ceux qui deviennent princes seulement par les armes d'autrui* ou par la fortune *ont peu de peine à le devenir, mais beaucoup à le rester.*

A moins qu'il ne soit un homme de grand esprit et de grande *virtù,* il n'est pas raisonnable [de croire] (il n'est pas vraisemblable, ou probable) que *quelqu'un qui avait toujours vécu en condition privée sache commander.*

Les hommes offensent (attaquent) *par peur ou par haine.*

Celui-là se trompe qui croit que, chez les grands personnages, *les bienfaits récents font oublier les vieilles injures.*

(Chapitre VII) (2).

Quand César Borgia trouve l'occasion, après avoir dispersé les Colonna, « d'éteindre » les Orsini, Machiavel ne dit que ceci : « Elle *(l'occasion)* lui vint bien, et lui, l'utilisa mieux. » De même, il annonce ainsi le

(1) Cf. Lettre à Francesco Vettori, du 31 janvier 1514 (Machiavel, *Lettere familiari,* n° CLIX, p. 394) : « Le duc de Valentinois, dont j'imiterais toujours les œuvres si j'étais un prince nouveau... » Écrit à propos du meurtre de Ramiro d'Orco.

(2) Cf. *Legazione alla Corte di Roma,* I, 28 octobre 1503, etc., sur l'élection de Jules II.

guet-apens de Sinigaglia : *Si volse alli inganni.* « Il se tourna à la ruse. » Et il peint par deux adjectifs l'effet que produit l'assassinat de Ramiro d'Orco, sur l'inspirateur duquel on ne se méprend pas un instant : « Les peuples en demeurent en même temps *satisfaits et stupides.* » Mais *stupire* et ses dérivés, en italien, marquent à la fois l'étonnement et l'admiration (1).

Il y a des cruautés bien pratiquées, et d'autres mal pratiquées. Les bien pratiquées sont celles qui se font une seule fois par nécessité de s'assurer, sans que, depuis, on y insiste, mais qui se changent en le plus d'utilité possible pour les sujets. Les cruautés mal pratiquées sont celles qui, encore que peu nombreuses au commencement, croissent avec le temps plutôt qu'elles ne s'éteignent. Ceux qui observent la première manière peuvent, avec Dieu et avec les hommes, avoir à leur état quelque remède. Les autres, il est impossible qu'ils se maintiennent.

D'où cette règle : lorsqu'il s'empare d'un État, l'usurpateur doit aller de l'avant et faire toutes les cruautés d'un trait, pour ne pas avoir à y revenir chaque jour, et pour pouvoir, en ne les renouvelant pas, donner aux hommes le sentiment de la sécurité et se les gagner par des bien-

(1) César Borgia s'était servi de Rimirro ou Ramiro d'Orco pour exercer dans les Romagnes, à mesure qu'il s'y avançait, une dure justice, qui avait déchaîné autour de lui la terreur et la colère. On découvrit un matin le cadavre de Ramiro, en deux morceaux, sur la place de Cesena, avec, à courte distance, un bâton et un couteau. Machiavel pensa tout de suite à la tête où avait été préparé le coup, et conclut que le Prince avait sans doute voulu montrer « qu'il faisait et défaisait les hommes à son gré ». (Lettre du 23 décembre 1502, *Legazione XI*, édition Passerini et Milanesi, t. II, p. 250.)

faits. Qui procède autrement par timidité ou mauvais conseil est toujours obligé de tenir le couteau en main; et il ne peut se fonder sur ses sujets, qui, de leur côté, par ses continuelles et fraîches-injures, ne se peuvent assurer en lui.

C'est pourquoi *les injures doivent se faire toutes ensemble,* afin que, se goûtant moins (moins longuement ressenties), elles offensent moins, mais *les bienfaits doivent se faire peu à peu,* afin qu'ils se goûtent mieux.

Un prince doit vivre avec ses sujets de telle sorte qu'aucun accident ou en mal ou en bien n'ait à le faire changer; car si, par les temps adverses, vient la nécessité, tu ne peux parer au mal, et le bien que tu fais ne te sert point, parce qu'on le juge fait par force et qu'on ne t'en sait aucun gré.

C'est toute cette suite d'observations que l'on a condensée dans l'axiome : « *Les cruautés doivent être commises au commencement des règnes.* »

(Chapitre VIII.)

Du « principat civil ». Il faudrait définir le mot *civil,* et ce n'est pas aisé. Ne pourrait-on traduire par « régulier » ou « légal »? Machiavel dit sur ce point :

Quand un citoyen devient prince de sa patrie, non par scélératesse ou autre violence intolérable, mais par la faveur de ses autres concitoyens, ce qui peut s'appeler *le principat civil* (et pour y parvenir il n'est pas nécessaire d'avoir ou toute *la virtù* ou toute *la fortune,* mais plutôt une *astuce fortunée*), je dis que l'on s'élève à ce principat ou par la faveur du peuple ou par la faveur des grands.

Celui qui arrive au principat avec l'aide des grands se maintient avec plus de difficulté que celui qui y parvient avec l'aide du peuple, parce qu'il se trouve prince ayant autour de lui beaucoup de concitoyens qui paraissent (à qui il semble) être ses égaux, et qu'il ne peut, pour cette raison, ni commander, ni manier à son gré. *Mais celui qui arrive au principat par la faveur populaire, s'y trouve seul et n'a autour de lui personne, ou seulement de très rares personnes, qui ne sòient prêtes à obéir...*

Si l'on s'est élevé par les grands, se maintenir par le peuple, car *il est nécessaire qu'un prince ait le peuple pour ami; autrement, il n'a pas de remède dans l'adversité...*

Et qu'on n'oppose pas à mon opinion le proverbe que : *qui fonde sur le peuple, fonde sur la boue,* parce que cela est vrai quand un citoyen privé fait son fondement là-dessus et se persuade que le peuple le délivrera, s'il est opprimé par ses ennemis ou par les magistrats. En ce cas, il pourrait se trouver souvent trompé, comme les Grecs à Rome, et à Florence Messer Giorgio Scali. Mais si le Prince qui se fonde là-dessus peut commander et est homme de cœur, ne s'effraie pas dans les adversités, et ne manque pas des autres préparations, s'il tient par son courage et par ses ordres tout son peuple animé, il ne se trouvera jamais trompé par lui, et il verra que les fondements qu'il avait faits sur lui étaient bons.

Ces principats périclitent d'habitude, quand ils sont pour monter de l'ordre civil à l'absolu, parce que les princes ou bien y commandent par eux-mêmes, ou bien par des magistrats. S'ils commandent par des magistrats, ils dépendent toujours plus ou moins de leur bonne volonté; et, en cas de danger, il y aura toujours pénurie de fidèles sur qui s'appuyer. Car *un prince, dans ce cas, ne peut se fonder sur ce qu'il voit dans les temps calmes,* quand les citoyens ont besoin de l'État, parce qu'alors chacun accourt, chacun promet, et chacun veut mourir pour lui, la mort étant loin; *mais dans les temps adverses,* quand l'État a besoin de citoyens, *alors il s'en montre peu.* Cette expérience est d'autant plus périlleuse qu'elle ne se peut faire qu'une fois. Et c'est pourquoi *un prince sage doit préméditer une raison pour laquelle ses concitoyens,* toujours et en toute qualité de temps, *auront besoin de l'État et de lui,* et qui fera qu'ils lui seront toujours fidèles.

(Chapitre IX.)

Les hommes sont toujours ennemis des entreprises où il se présente des difficultés...
Un prince puissant et courageux surmontera toujours toutes ces difficultés, en donnant à ses sujets tantôt l'espérance que le mal ne sera pas long, tantôt la crainte de la cruauté de l'ennemi, et tantôt en s'assurant avec adresse de ceux qui lui paraîtront trop hardis. Outre cela, l'ennemi, raisonnablement *(mais prendre garde à ne pas forcer le sens : « raisonnablement », dans le texte,*

*peut ne vouloir dire que « vraisemblablement » :
« il est probable, il est logique, naturel que l'ennemi
brûle); raisonnablement,* donc, *l'ennemi doit brûler
et ruiner le pays dès son arrivée,* et dans les temps
où les esprits des hommes sont encore chauds et
pleins de la volonté de se défendre; aussi un
prince doit-il d'autant moins hésiter qu'au bout
de quelques jours ces esprits seront refroidis, que
les dommages seront faits, les maux reçus, et
qu'il n'y aura plus de remède. Alors ils viendront
d'autant plus s'unir à leur prince, qu'*il leur paraît
qu'il a une obligation envers eux,* qui ont eu leurs
maisons brûlées, leurs possessions ruinées pour
sa défense. Et *c'est la nature des hommes de
s'obliger autant pour les bienfaits qu'ils font que
pour ceux qu'ils reçoivent...*

(Chapitre x.)

Quant aux principats ecclésiastiques, « *toutes les
difficultés sont avant qu'on les possède;* car ils s'acquièrent ou par *virtù* ou par fortune, et ils se maintiennent sans l'une et sans l'autre, parce qu'ils
sont soutenus par les ordres devenus anciens dans
la religion, qui ont été si puissants et de qualité
telle qu'ils tiennent leurs principes en état, de
quelque manière qu'ils procèdent et vivent. Eux
seuls ont des États, et ne les défendent point; des
sujets, et ne les gouvernent point; et les États,
quoique non défendus, ne leur sont pas ôtés; et
les sujets, quoique non gouvernés, n'en ont cure,
et ne pensent, ni ne le peuvent, à se détacher
d'eux. Seuls donc ces principats sont fidèles et
heureux. Mais, comme ils sont régis par une rai-

son supérieure, à laquelle l'esprit humain n'atteint pas, je m'abstiendrai d'en parler; parce qu'ils sont élevés et maintenus par Dieu, ce serait le fait d'un homme présomptueux et téméraire d'en discourir.

(Chapitre xi.)

Les principaux fondements qu'ont tous les États, aussi bien nouveaux qu'anciens ou mixtes, *sont les bonnes lois et les bonnes armes.* Et parce qu'il ne peut y avoir de bonnes lois où il n'y a pas de bonnes armes, et qu'où il y a de bonnes armes, il faut qu'il y ait de bonnes lois, je ne m'occuperai pas des lois, et je parlerai des armes.

Je dis donc que les armes avec lesquelles un prince défend son État ou bien lui sont propres, ou elles sont mercenaires, ou auxiliaires ou mixtes. *Les armes mercenaires ou auxiliaires sont inutiles et dangereuess;* et si quelqu'un a son État fondé sur les armes mercenaires, il ne sera jamais ferme ni sûr, parce qu'elles sont désunies, ambitieuses, sans discipline, infidèles, gaillardes parmi les amis, lâches en face de l'ennemi; pas de crainte de Dieu, pas de foi envers les hommes; la ruine n'est différée qu'autant qu'est différé l'assaut; dans la paix, on est dépouillé par elles; dans la guerre, par les ennemis... La ruine de l'Italie n'a pas été causée par autre chose que parce que, pendant un long espace d'années, elle s'est reposée sur les armes mercenaires... C'est ce qui permit au roi Charles de France de prendre l'Italie si rapidement (1) et

(1) *Col gesso.* Littéralement, « avec le plâtre, au plâtre ».

ceux qui disaient que nos péchés en étaient la cause disaient vrai, mais ce n'étaient pas les péchés que l'on croyait; c'étaient les péchés que j'ai rappelés. Mais, parce que c'étaient les péchés des princes, ils en ont porté la peine, eux aussi...

Je veux mieux montrer l'infélicité de ces armes. Les capitaines mercenaires ou sont des hommes excellents, ou non : s'ils le sont, tu ne peux t'y fier, parce qu'ils aspireront toujours à leur grandeur propre, ou en t'opprimant, toi qui es leur maître, ou en opprimant autrui contre ton intention. Mais si [le capitaine] n'est pas *virtuoso*, il te ruine à l'ordinaire. Que si l'on me répond que c'est ce que fera quiconque aura les armes en main, mercenaire ou non, je répliquerai que les armes ont à être employées ou par un prince ou par une république. Le prince doit marcher en personne et faire lui-même l'office du capitaine; la république doit envoyer [à la guerre] ses citoyens; quand elle en envoie un qui ne se montre pas vaillant homme, il lui faut le changer; et, quand il l'est, le tenir par les lois pour qu'il ne passe pas les bornes. Et *l'on voit par l'expérience que les princes seuls et les républiques armées* [de leurs armes propres] *font de très grands progrès, alors que les armes mercenaires ne font jamais que du dommage. Et une république armée d'armes propres se réduit toujours plus difficilement au joug d'un de ses citoyens, qu'une république armée d'armes étrangères.*

Ce que les Vénitiens firent du condottiere Carmignola. L'ayant vu *virtuosissimo*, ayant, sous son commandement, battu le duc de Milan, et d'autre part apercevant comment il s'était refroidi dans la guerre, ils jugèrent qu'avec lui ils ne pourraient plus vaincre, parce qu'il ne le voulait pas, mais qu'ils ne pouvaient pas le licencier, sans perdre ce qu'ils avaient acquis : d'où ils furent mis dans la nécessité, pour s'en assurer, de le tuer.

De ces armes mercenaires naissent seulement de lentes, tardives, faibles acquisitions, et les subites et merveilleuses pertes.

Sous les *condottieri* qui succédèrent aux Braccio et aux Sforza, les choses étaient réduites à ce terme que, dans une armée de vingt mille hommes, il ne se trouvait pas deux mille fantassins. Ils avaient, en outre, employé toute leur industrie pour enlever à soi et aux soldats la fatigue et la peur, ne se tuant pas dans les batailles, mais se faisant prisonniers, et sans [imposer] rançon. Ils n'attaquaient pas, la nuit, les villes ; ceux des villes n'attaquaient pas les tentes ; ils ne faisaient autour du camp ni retranchement ni fossé ; ils ne campaient pas l'hiver. Toutes ces choses étaient permises par leurs usages militaires, et inventées par eux pour fuir, comme il a été dit, la fatigue et les périls : tant et si bien qu'ils ont fait l'Italie esclave et déconsidérée.

(Chapitre XII.)

Après les armes mercenaires, « *les armes auxiliaires* ».

Ces armes *peuvent être utiles et bonnes par elles-mêmes, mais elles sont pour qui les appelle presque toujours dommageables ; parce que, vaincues, il en reste défait : victorieuses, il demeure leur prisonnier.*

Celui qui veut ne pas pouvoir vaincre, qu'il se serve de ces armes, car elles sont beaucoup plus dangereuses que les mercenaires ; en elles est la ruine toute faite... En somme, *dans les mercenaires, le plus grand danger est la lâcheté ; dans les auxiliaires, la virtù.*

Un prince sage, par conséquent, a toujours fui ces armes, et s'est tourné vers les siennes ; il a plutôt mieux aimé perdre avec les siens que vaincre avec les autres, jugeant que *ce n'est pas une vraie victoire que celle qui s'acquiert par les armes d'autrui...*

...Les armes d'autrui ou te tombent du dos, ou elles te pèsent, ou elles t'étreignent...

Le peu de prudence des hommes commence une chose dont la bonne odeur empêche alors de découvrir le venin qui est dessous... Mais celui qui, dans un principat, ne connaît pas les maux à leur naissance, n'est pas véritablement sage, et [de les connaître] c'est ce qui est donné à bien peu...

D'où je conclus que, *sans avoir ses armes propres, aucun principat n'est sûr,* et même est tout obligé [doit tout] à la fortune, n'ayant point de *virtù* qui le défende dans les adversités. Et ce fut toujours l'opinion et la sentence des sages, *quod nihil sit tam infirmum aut instabile, quam fama potentiæ non suâ vi nixa* (1).

(Chapitre XIII.)

(1) Toute cette dissertation des chapitres XII et XIII sur les

Un prince doit n'avoir d'autre objet, ni d'autre pensée, ni prendre autre chose pour métier, *en dehors de la guerre*, de ses règles et de sa discipline ; c'est le seul art qui convienne à celui qui commande. Il porte en lui une telle *virtù* que non seulement il maintient ceux qui sont nés princes, mais souvent il fait monter les hommes de condition privée à ce degré, et, au contraire, on voit que lorsque les princes ont pensé plus aux délicatesses qu'aux armes, ils ont perdu. Et la première raison qui te le fait perdre (ce degré, ou l'État) est de négliger ce métier, comme la raison qui te le fait acquérir est d'avoir professé ce métier...

On ne doit donc jamais éloigner sa pensée de cet exercice de la guerre, et dans la paix on doit s'y exercer plus que dans la guerre même; ce qui peut se faire de deux manières : par les œuvres et par l'esprit.

Ici apparaît l'auteur de *l'Arte della Guerra*, qui, comme on le sait, eut des prétentions ou du moins des pensées militaires. Il ne put, et peut-être n'eût su guère agir, mais il s'instruisit, observa, médita; et sa haute curiosité l'invita à écrire :

Quant à l'exercice de l'esprit, *le prince doit lire l'histoire*, et considérer en elle les actions des hommes excellents, voir comment ils se sont gouvernés dans les guerres, examiner les raisons

quatre espèces d'armes (mercenaires, auxiliaires, mixtes et propres) n'a plus de sens, ou de vie, aujourd'hui où il n'y a pour ainsi dire plus que des armes « propres », par suite de la formation des grandes nations.

de leurs victoires et de leurs défaites, pour pouvoir éviter celles-ci et imiter celles-là; et surtout faire comme a fait dans le passé quelque homme excellent qu'il s'est pris à imiter, si quelqu'un l'a loué et glorifié devant lui, et dont il a toujours tenu présents auprès de lui les faits et les actions...

(Chapitre xiv.)

On peut dire du chapitre xv du *Livre du Prince*, complété par les chapitres suivants jusqu'à xx, qu'ils contiennent et expriment *l'essence du machiavélisme*. Celui-ci, particulièrement, le quinzième, est d'une grande importance pour définir, suivant le terme autrefois à la mode, *la mente* de Machiavel, dont il éclaire jusqu'au fond le dessein, en premier lieu dans une espèce d'épigraphe. C'est ce qui m'engage à en donner ici le texte même, qui est d'ailleurs assez bref.

Il reste maintenant à voir quelles doivent être les manières et la conduite d'un prince à l'égard de ses sujets et de ses amis. Comme je sais que beaucoup d'autres s'en sont occupés, je crains, si j'en écris encore, d'être tenu pour présomptueux, en m'écartant, surtout pour traiter cette matière, des façons d'autrui. Mais, mon intention étant d'être utile à qui l'entend, il m'a paru plus conforme de m'attacher à la vérité effective (1)

---

(1) Machiavel a écrit : *effettuale*, ce que d'anciennes traductions françaises (par exemple, celle, anonyme, de 1634, à Paris, chez Toussainct-Quinet, au Palais, sous le titre : *Discours de l'Estat de paix et de guerre*, de N. Machiavel, citoyen et secrétaire de Florence, ensemble un traité du même autheur intitulé *le Prince*, de nouveau corrigez et illustrez de maximes

de la chose qu'à l'imagination que l'on s'en fait. Beaucoup se sont imaginé des républiques et des principats, que l'on n'a jamais vus ni connus, et ont cru qu'ils avaient existé dans la réalité; mais il y a si loin de comment on vit à comment on devrait vivre, que *celui qui laisse ce qu'on fait pour ce qu'on devrait faire apprend plutôt sa ruine que sa préservation,* car *un homme qui veut faire en toute chose profession de bon, il faut qu'il se ruine parmi tant qui ne sont pas bons. Par quoi il est nécessaire à un Prince, s'il veut se maintenir, d'apprendre à pouvoir n'être pas bon,* et d'en user et ne pas en user selon la nécessité.

Laissant donc en arrière tout ce qu'on a imaginé quant au Prince, et discourant de ce qui est vrai, je dis que tous les hommes, quand on en parle, et surtout les princes, parce qu'ils sont placés plus haut, sont marqués de quelqu'une de ces qualités qui leur apporte ou le blâme ou la louange. C'est ainsi que celui-ci passe pour libéral, celui-là pour « regardant » (en usant d'un terme toscan, parce que, dans notre langue, *avare* s'applique encore à celui qui, par rapine, désire avoir, et nous appelons *chiche* celui qui s'abstient de dépenser du sien); celui-ci est dit généreux, celui-là rapace, cet autre cruel, cet autre pitoyable; l'un sans foi, l'autre fidèle; l'un efféminé et pusillanime, l'autre fier et courageux; l'un est humain, l'autre superbe, l'un lascif, l'autre chaste, l'un droit, l'autre rusé,

politiques) ont rendu étymologiquement, et en quelque sorte, phonétiquement, par l'adjectif *effectuelle*, que je n'ose leur emprunter.

l'un dur, l'autre facile, l'un grave, l'autre léger, l'un religieux, l'autre incrédule, et semblablement. Et je sais bien que chacun avouera qu'il serait désirable qu'il se trouvât un Prince réunissant toutes ces qualités, qui sont estimées comme bonnes; mais, parce qu'on ne peut les avoir toutes, ni entièrement les observer, car les conditions humaines n'y consentent pas, *il est nécessaire que le Prince sache fuir l'infamie des vices qui lui feraient perdre l'État* et se garder de ceux qui ne le lui enlèveraient pas, s'il est possible; mais, si ce n'est pas possible, il peut, avec moins de sévérité, s'y laisser aller. Et encore, *qu'il ne prenne pas souci d'encourir la réputation de s'abandonner à ceux sans lesquels il pourrait difficilement sauver l'État,* parce que, si tout est bien considéré, *il se trouvera quelque chose qui paraîtra vertu et qui, mise en pratique, serait sa ruine, et quelque autre qui paraîtra vice, mais qui, pratiquée, procurera sa sécurité et son bien-être.*

(Chapitre xv.)

Machiavel examine ensuite les conséquences de la somptuosité, entraînant dans la fiscalité, et met en balance la libéralité et la parcimonie, donnant l'avantage à cette dernière; « car, avec le temps, *un prince sera toujours tenu pour libéral, quand on verra que par son économie ses revenus lui suffisent,* qu'il peut se défendre de qui lui fait la guerre, qu'il peut entreprendre sans charger ses peuples; *si bien qu'il vient à user de libéralité envers tous ceux à qui il ne prend point, qui sont*

nombreux à l'infini, et de parcimonie seulement en-
vers ceux à qui il ne donne pas, qui ne sont que
peu. »

Dans notre temps, nous n'avons vu faire grand' chose qu'à ceux qui ont été tenus pour chiches ; les autres se sont (ou ont été) éteints... *Être parcimonieux est un de ces vices qui font régner.* Ou tu es prince fait, ou tu es en voie de le devenir. Si tu es prince fait, la libéralité est dangereuse ; si tu ne l'es pas, il faut bien que tu sois pris pour libéral. Exemple : César à Rome ; mais si, après s'être fait prince, il eût survécu, et ne se fût pas modéré dans ses dépenses, il eût détruit son empire...

Que si quelqu'un réplique : « Il y a eu beaucoup de princes, qui, avec leurs armées, ont fait de grandes choses et ont été réputés très libéraux, » je réponds : Ou le prince dépense du sien et [de celui] de ses sujets, ou bien de celui d'autrui ; dans le premier cas, il doit être serré ; dans l'autre, il ne doit négliger aucune libéralité. Au prince qui marche avec les armées, lesquelles se nourrissent de proies, de saccages et de tailles, qui manie le bien d'autrui, cette libéralité est nécessaire ; autrement, il ne serait pas suivi par les soldats. *De ce qui n'est pas à toi, ni à tes sujets, tu peux te montrer plus large donateur,...* car dépenser le bien d'autrui ne t'enlève pas de réputation, mais, au contraire, t'en ajoute : il n'y a que dépenser le tien propre qui te nuise. Et *il n'est rien qui te consume toi-même autant que la libéralité...* C'est pourquoi *il y a plus de sagesse à s'en* tenir *au renom de chiche (misero), qui engendre une infamie sans haine, qu'en voulant le nom de* libéral, *à encourir le nom de* rapace, *qui engendre une infamie avec haine.*

(Chapitre xvi.)

Mais *chaque prince doit désirer être tenu pour pitoyable (pietoso) et non pour cruel.* Néanmoins il doit prendre garde à ne pas mésuser de cette pitié. César Borgia était tenu pour cruel. Cependant sa cruauté avait rassemblé la Romagne, l'avait unie, l'avait réduite en paix et en fidélité. Ce qui, à le bien considérer, apparaît bien plus pitoyable que ce que fit le peuple florentin, qui, pour se garder de la réputation de cruel, laissa détruire Pistoie.

Un prince doit ne pas se soucier de l'infamie de passer pour cruel, s'il garde ainsi ses sujets unis et fidèles; car, avec très peu d'exemples, il *sera plus pitoyable que ceux qui par trop de pitié laissent se produire les désordres d'où naissent meurtres et rapines;* car ceux-ci blessent une société tout entière, et les exécutions qui viennent du prince n'atteignent qu'un particulier...

Cependant le Prince doit être *grave à croire et à se mouvoir, ne pas se faire peur de soi-même,* et *procéder d'une manière modérée* avec prudence et humanité, *sans que le trop de confiance le fasse imprudent et que le trop de défiance le rende insupportable.*

De là naît une dispute : *s'il vaut mieux être aimé que craint,* ou à l'opposé. On répond que l'on voudrait être l'un et l'autre; mais, comme il est *difficile d'obtenir les deux ensemble, il est beaucoup plus sûr d'être craint qu'aimé, s'il faut manquer de l'un des deux.* Car, des hommes, on peut dire ceci généralement : qu'ils sont ingrats, changeants, simulateurs, qu'ils fuient les périls, sont avides de gain : tant que tu leur fais du bien, ils sont tout à toi, ils t'offrent leur sang, leur fortune, leur vie, leurs fils, comme je l'ai dit ci-dessus, quand le besoin est loin, mais, quand il s'approche de toi, ils se retournent. Et le *prince qui s'est tout entier fondé sur leurs paroles,* se trouvant nu d'autre préparatifs, *se ruine,* parce que *les amitiés qui s'acquièrent par prix, et non par grandeur d'âme, se méritent, mais ne se possèdent pas,* et l'on n'en peut faire état dans les temps où il le faudrait. *Les hommes y regardent moins à offenser quelqu'un qui se fasse aimer que quelqu'un qui se fasse craindre,* car l'amour est tenu par un lien d'obligation, qui, les hommes étant mauvais, est rompu à toute occasion d'utilité personnelle, mais la crainte est tenue par une peur de châtiment qui n'abandonne jamais. Cependant, *le prince doit se faire craindre de façon que, s'il n'acquiert pas l'amour, il fuie la haine,* car *on peut très bien être à la fois craint et non haï;* ce qui arrivera toujours quand on s'abstiendra des biens de ses concitoyens ou de ses sujets, et de leurs femmes. Et, quand même il lui faudrait procéder contre le sang de quelqu'un, qu'il le fasse lorsqu'il y a justification convenable et cause manifeste, mais surtout qu'il s'abstienne du bien d'autrui, parce que *les hommes oublient plus vite la mort de leur père que la perte de leur patrimoine.* Et puis les raisons de se saisir des biens ne manquent jamais; toujours celui qui commence à vivre de rapine trouve des raisons de prendre ce qui appartient à d'autres; mais, au contraire, contre le sang les occasions sont plus rares, et elles manquent plus tôt...

Je conclus donc, pour ce qui est d'être craint ou aimé, que, *les hommes aimant à leur gré, mais craignant au gré du prince, un prince sage doit se fonder sur ce qui dépend de lui-même, non sur ce qui dépend d'autrui;* il doit seulement s'ingénier à fuir la haine (1).

(Chapitre XVII.)

Combien *il est louable en un prince de maintenir la foi,* et de vivre avec intégrité et non avec astuce, chacun l'entend. *Néanmoins,* on voit par expérience, en notre temps, que *ces princes ont fait de grandes choses, qui de la foi ont tenu peu de compte,* qui ont su, par l'astuce, tourner les cervelles des hommes, *et qui à la fin ont dominé ceux qui se sont fondés sur la loyauté.*

Vous devez donc savoir qu'il y a *deux manières* (2) *de combattre : l'une par les lois, l'autre par la force.* La première est le propre de l'homme, la seconde des bêtes. Mais, *comme la première, très souvent, ne suffit pas, il faut recourir à la seconde.* C'est pourquoi *il est nécessaire à un*

(1) Tel est le texte de Machiavel. N'ai-je pas un peu étendu, sinon forcé le sens de cette maxime, dans le Mémoire des 5 et 12 mai 1923, recueilli, au tome III de mes *Souvenirs,* p. 439-459?

(2) Mot à mot deux « générations », — *due generazioni.* —

prince de savoir bien faire la bête et l'homme. Leçon enseignée à mots couverts aux princes par les écrivains antiques (Achille et le centaure Chiron). Ce qui ne veut pas dire autre chose, avoir pour précepteur une demi-bête et un demi-homme, qu'il faut qu'un prince sache user de l'une et de l'autre nature ; et l'une sans l'autre n'est pas durable (ne peut pourvoir ni parer ni servir à tout).

Le prince, donc, étant obligé de bien savoir faire la bête, *doit, entre* les bêtes, *prendre le renard et le lion ;* car le lion ne se défend pas des lacs, le renard ne se défend pas des loups. Il faut donc être renard pour connaître les lacs, et lion pour effrayer les loups. Ceux qui s'en tiennent simplement au lion, ne s'y entendent pas. Aussi *un seigneur prudent ne peut, ni ne doit, observer la foi, lorsque cette observation tourne contre lui, et qu'ont disparu les raisons qui lui avaient fait promettre.* Si les hommes étaient tous bons, ce précepte ne serait pas bon ; *mais, comme ils sont tous mauvais, et comme ils ne l'observeraient pas envers toi, toi non plus tu n'as pas à l'observer envers eux* (1). Et il ne manquera jamais à un prince de raisons légitimes pour colorer l'inobservation... Mais *il est nécessaire de savoir bien colorer cette nature, et d'être grand*

(1) Ce passage fait sans doute un double emploi avec le résumé que j'ai mis en tête du premier volume (Voy. *Le Machiavélisme,* I. *Avant Machiavel,* chapitre 1ᵉʳ, p. 9 à 11,) Mais j'ai tenu à donner du texte même, sur lequel ont porté des controverses séculaires, une traduction aussi littérale que possible. Ce sont ici les vrais fondements de ce que l'on a nommé « le machiavélisme ».

simulateur et dissimulateur : les hommes sont si simples, et ils obéissent tant aux nécessités présentes, *que celui qui trompe trouvera toujours quelqu'un qui se laissera tromper.*

[Exemple : Alexandre VI ne fit jamais autre chose, et ne pensa jamais à autre chose, que tromper les hommes, et il trouva toujours sujet à le pouvoir faire. Et il ne fut jamais d'homme qui eût plus grande efficacité à assurer, qui affirmât avec plus grands serments une chose, et qui l'observât moins ; néanmoins, les tromperies *(inganni)* lui réussirent toujours *ad votum*, parce qu'il connaissait bien cette partie du monde.]

A *un prince* par conséquent, *il n'est pas nécessaire d'avoir toutes les qualités* ci-dessus écrites, *mais il est bien nécessaire de paraître les avoir.* J'oserai même dire ceci, que, les ayant et les observant toujours, elles sont dommageables, et, paraissant les avoir, elles sont utiles ; comme paraître pitoyable, fidèle, humain, droit, [littéralement, entier, *intero*], religieux ; et l'être ; mais se tenir en quelque sorte ainsi édifié en esprit que, s'il faut ne pas l'être, tu puisses et tu saches changer pour le contraire. Il y a à entendre qu'*un prince*, et *surtout un prince nouveau, ne peut observer toutes ces choses par lesquelles les hommes sont tenus pour bons*, étant souvent forcé, pour maintenir l'État, d'agir contre la foi, contre la charité, contre l'humanité, contre la religion ; et c'est pourquoi *il faut qu'il ait un esprit disposé à se tourner, selon que les vents et les variations de la fortune le lui commandent, et,* comme je l'ai dit, *à ne pas s'écarter du bien, s'il le peut, mais à savoir entrer dans le mal s'il y est obligé.*

Un prince doit donc avoir grand soin qu'il ne lui sorte jamais de la bouche une chose qui ne soit pleine des cinq qualités que j'ai dites, et qu'il paraisse, à le voir et l'entendre, toute piété, toute foi, toute intégrité, toute religion. *Il n'est chose qu'il soit plus nécessaire d'avoir que cette* dernière qualité *(la religion); et les hommes* en général *jugent plus par les yeux que par les mains, car il appartient à tous de voir, et à peu de sentir. Chacun voit ce que tu parais, mais peu sentent ce que tu es,* et ce peu n'ose pas s'opposer à l'opinion de beaucoup qui ont la majesté de l'État pour les défendre; *dans les actions de tous les hommes, et surtout des princes, où il n'y a pas de jugement en appel, on regarde à la fin. Qu'un prince fasse donc de façon à vaincre et à maintenir l'État; les moyens en seront toujours jugés honorables, et loués de chacun.* Car le vulgaire est pris par l'apparence et par le succès, et le monde n'est que vulgaire, et c'est le lieu de ceux qui sont peu quand ceux qui sont nombreux n'ont pas où s'appuyer. Certain prince du temps présent, qu'il n'est pas bien de nommer, ne prêche jamais autre chose que paix et foi, et il est très ennemi de l'une et de l'autre; et l'une et l'autre, s'il l'eût observée, lui aurait plus d'une fois ôté ou la réputation ou l'État.

(Chapitre XVIII)

Le prince doit éviter soigneusement ce qui le fait odieux et méprisable.

Ce qui le fait odieux, c'est surtout d'être

rapace et usurpateur des biens et des femmes de ses sujets, et c'est d'abord ce dont il lui faut s'abstenir.

Ce qui le rend méprisable, c'est d'être réputé changeant, léger, efféminé, pusillanime, irrésolu. Il faut qu'il s'en garde comme d'un écueil, et qu'il s'ingénie à faire qu'on reconnaisse dans ses actions grandeur, courage, gravité, force. Et quant aux manèges de ses sujets, *qu'il veuille que sa sentence soit irrévocable, et qu'il se maintienne* [dans leur esprit] *en une opinion telle que personne ne pense ni à le tromper ni à* « *l'encercler* » *(aggirarlo).*

[Car Machiavel] ne se contente pas, pour le Prince, de quantités négatives, d'une absence de défauts : il réclame de lui ces vertus positives, qui sont des vertus d'État.]

Le prince qui donne de lui-même cette opinion est en haute réputation ; et *contre qui la possède, il est difficile de conjurer, difficile de l'assaillir... Un prince doit avoir deux peurs* (craindre deux choses) : *l'une au dedans, de la part de ses sujets, l'autre au dehors, de la part des princes étrangers. De celle-ci on se défend avec les bonnes armes et avec les bons amis ; s'il a de bonnes armes, il aura toujours de bons amis ;* toujours les choses du dedans se tiendront fermes, tant que se tiennent fermes les choses du dehors, à moins qu'elles ne soient troublées par une conjuration ; et quand même celles du dehors bougeraient, s'il s'est conduit et a vécu comme je l'ai dit, et pourvu qu'il ne s'abandonne pas, il soutiendra tous les assauts ! Mais, *pour ce qui est des sujets, quand le dehors ne remue pas, il y a à craindre qu'ils ne conjurent secrètement, ce dont le prince s'assure assez en évitant d'être odieux ou décrié,* et en tenant le peuple satisfait de lui. Un des remèdes les plus puissants qu'un prince ait contre les conjurations, est de ne pas être haï généralement [du peuple entier, *dallo universale*]; car toujours celui qui conspire croit, par la mort du prince, satisfaire le peuple; mais, quand il croit l'offenser, il ne s'enhardit pas à prendre un tel parti, parce que les difficultés qu'il y a pour les conjurés sont infinies. Et, *par l'expérience, on voit qu'il y a eu nombre de conjurations, et que peu sont allées à bonne fin* (1).

En face des conjurés, la position du prince est la plus forte.

De la part du conjuré, il n'y a que peur, jalousie, souci de la peine qui l'épouvante; mais du côté du prince, il y a la majesté du principat, les lois, les défenses de ses amis et l'État qui le protègent; à tel point que, s'il s'ajoute à tout cela la bienveillance populaire, il est impossible qu'il se trouve quelqu'un d'assez téméraire pour conjurer; car, à l'ordinaire, là où un conjuré a à craindre avant l'exécution du coup, en ce cas il doit craindre encore après, ayant pour ennemi le peuple, quand le mal est fait, et ne pouvant pour cette raison espérer aucun refuge.

(1) C'est ce qui sera exposé et développé tout au long dans le célèbre chapître vi du livre III du *Discours sur la première Décade de Tite-Live*, qui traite particulièrement « des conjurations ».

... En somme, *un prince doit tenir peu de compte des conjurations, quand le peuple lui est bienveillant ; mais, lorsqu'il l'a pour ennemi et qu'il lui est en haine, il doit craindre de tout et de chacun.* Les États bien ordonnés et les princes sages ont en toute diligence pensé à ne pas désespérer les grands et à satisfaire le peuple, à le tenir content, parce que c'est une des matières les plus importantes qu'ait à considérer un prince.

Exemple : la France, qui est le type des États « bien ordonnés et bien gouvernés » (1513).

Les princes doivent faire administrer par d'autres les choses qui sont « de charge », mais celles qui sont « de grâce », se les réserver à eux-mêmes. De nouveau je conclus qu'un prince doit estimer les grands, mais ne pas se faire haïr du peuple.

La haine s'acquiert aussi bien par les bonnes œuvres que par les mauvaises.

[Exemples des empereurs Commode, Sévère, Caracalla et Maximin. Il y en eut un [Septime] Sévère, qui sut « faire alternativement le renard et le lion ». Caracalla fut assassiné, au milieu de l'armée, par un centurion dont il avait fait mourir le frère. « Il est à remarquer, dit Machiavel, que de semblables morts qui arrivent par délibération d'un esprit obstiné ne peuvent être évitées par les princes ; parce que quiconque n'a pas peur de mourir peut s'attaquer à eux ; mais le prince a moins à en craindre, car elles sont très rares. Ils doivent seulement se garder de faire une injure grave à aucun de ceux dont ils se servent, et qu'ils ont près d'eux à leur service. La faute de Caracalla avait été de conserver à la garde de son corps le frère du centurion : c'était un parti téméraire, et à s'y ruiner. Maximin avait soulevé le monde entier de mépris pour la bassesse de son origine et de haine pour sa férocité. *Odioso* et *contennendo*.]

Les princes ont aussi à satisfaire leurs soldats, mais moins aujourd'hui qu'aux temps de l'Empire romain, où ils étaient constamment rassemblés et vieillissaient mêlés au gouvernement et à l'administration des provinces.

Alors, s'il était nécessaire de satisfaire les soldats plus que les peuples, c'étoit parce que les soldats pouvaient plus que les peuples ; *maintenant il est nécessaire à tous les princes,* excepté le Turc et le Soudan, de *satisfaire plus les peuples que les soldats,* parce que les peuples peuvent plus que ceux-ci.

Réflexion sur l'État du Soudan, différent de tous les autres Principats, et semblable au Pontificat chrétien, qui ne peut s'appeler ni principat héréditaire, ni principat nouveau, car les fils de l'ancien prince n'en sont pas héritiers et n'en restent pas seigneurs, mais bien celui qui est élu à cette fonction par les personnes qui en ont l'autorité. Et comme cette institution a pris de l'âge, elle ne peut s'appeler principat nouveau, et c'est pourquoi il ne s'y élève pas quelques-unes de ces difficultés que comportent les nouveaux. Le prince, à la vérité, y est nouveau, mais les institutions de cet État sont vieilles, et ordonnées pour le recevoir comme s'il était leur seigneur héréditaire.

Il est préjudiciable à un prince nouveau de vouloir imiter [en tout] un prince qui l'est à titre héréditaire. Il doit prendre de l'un ce qu'il faut pour fonder son État, et de l'autre ce qui est convenable et glorieux pour conserver un État déjà établi et ferme.

(Chapitre XIX.)

Quelques princes, pour tenir sûrement leur État, ont désarmé leurs sujets ; quelques autres ont tenu divisées les terres sujettes ; quelques-uns ont nourri des inimitiés contre eux-mêmes; quelques autres se sont attachés à se concilier ceux qui leur étaient suspects dans les commencements de leur État; quelques-uns ont édifié des forteresses; quelques autres les ont ruinées et détruites...

Il n'est jamais arrivé qu'un prince nouveau désarmât ses sujets, et même, quand il les a trouvés désarmés, *il les a toujours armés; parce qu'en les armant, ces armes deviennent tiennes,* ceux qui t'étaient suspects te deviennent fidèles, et *de tes sujets, ils se font tes partisans...*

Mais si tu les désarmes, tu commences à les offenser, tu montres que tu as en eux de la défiance, ou pour leur lâcheté ou pour leur peu de foi; et l'une ou l'autre de ces opinions leur fait concevoir de la haine contre toi...

Un prince nouveau, dans un principat nouveau, *a toujours organisé les armes.* De ces exemples, les histoires sont pleines. Mais, *quand un prince acquiert un État nouveau,* qu'il ajoute comme membre à l'ancien, *alors il est nécessaire de désarmer cet État, excepté ceux qui, pour l'acquérir, ont été tes partisans;* ceux-là encore, avec le temps et l'occasion, il est nécessaire de les rendre mous et efféminés, et de s'arranger de façon à ce que toutes les armes de ton État [agrandi] soient aux mains de tes propres soldats, qui, dans ton ancien État, vivaient auprès de toi.

Nos anciens avaient coutume, et ils en étaient estimés sages, de dire qu'il fallait « tenir Pistoie avec les partis et Pise avec les forteresses; » et, à cet effet, ils nourissaient dans les terres qui leur étaient sujettes les dissentiments [les différends, *differenzie*]. Cela, dans ces temps où l'Italie était en quelque sorte en balance [*bilanciata*], où il y avait, entre les divers États, une sorte « d'équilibre italien », devait être bien fait; mais je ne crois pas que l'on puisse aujourd'hui le donner en précepte, car je ne crois pas que les divisions fassent jamais aucun bien; au contraire, *il est fatal, quand l'ennemi s'approche, que les cités divisées se perdent sur-le-champ, parce que le parti le plus faible adhérera toujours aux forces extérieures, et l'autre ne pourra résister.*

[Les Vénitiens entretenaient dans les cités qui leur étaient sujettes les factions guelfes et gibelines; mais cette politique ne leur réussit pas, car, lorsqu'ils eurent été battus à Vaïla, une partie de ces possessions se mit à oser, et leur enleva tout l'État. De semblables manières accusent la faiblesse du prince : dans un principat vigoureux, ces divisions ne seraient point permises; elles ne peuvent profiter qu'en un temps où elles donnent plus de facilités pour manœuvrer les sujets, mais, la guerre venue, ce procédé montre vite combien il est fallacieux...]

[Pourtant, *à l'interieur*] *beaucoup jugent qu'un prince sage doit,* quand il en a l'occasion, *nourrir avec astuce quelque inimitié contre lui-même,* afin de pouvoir l'écraser, et ainsi augmenter sa grandeur.

Les princes, et en particulier ceux qui sont nouveaux, *ont trouvé plus de foi et plus d'utilité dans des hommes qui, au commencement de leur État, étaient tenus pour suspects qu'en ceux qui, dès le principe, étaient dans leur confidence.* [Exemple de Pandolfo Petrucci, à Sienne]... Ces hommes qui, au début d'un principat, étaient les ennemis du prince, s'ils sont dans une situation telle que, pour se maintenir, ils aient besoin de s'appuyer, le prince aura toujours une facilité très grande à les gagner, et eux-mêmes sont d'autant plus obligés de le servir avec foi qu'ils savent qu'il leur est plus nécessaire d'effacer par les œuvres la mauvaise opinion que l'on avait d'eux. Et ainsi le prince en tire toujours plus d'utilité que de ceux qui, en le servant avec trop de sécurité, négligent ses affaires...

En en raisonnant bien, sur les exemples qui se tirent des choses antiques et modernes, on verra *qu'il est beaucoup plus facile de se concilier pour amis les hommes qui* auparavant se contentaient de l'État [tel qu'il était], et qui, par conséquent, *étaient les ennemis du prince nouveau, que ceux qui, parce qu'ils n'en étaient pas contents, étaient devenus ses amis, et l'avaient aidé à l'occuper*.

[Sur la manière de tenir les États « par des forteresses », exemples de princes qui ont jugé plus expédient de les démolir que d'en construire : Niccolò Vitelli à Città di Castello, le duc Guido Ubaldo à Urbino, les Bentivogli à Bologne. Mais d'autres en ont bâti] :

Les forteresses sont donc utiles ou non suivant les temps ; et si elles te secourent d'une manière, d'une autre elles sont contre toi. Et l'on peut régler ainsi ce point : *le prince qui a plus à craindre ses peuples que l'étranger doit « faire les forteresses » ; mais celui qui craint plus l'étranger que ses peuples doit s'en passer.*

[Exemples, opposés entre eux, du château de Milan pour les Sforza et du château de Forli pour la comtesse Catherine.]

Conclusion d'ordre moral : *La meilleure forteresse qui soit est de ne pas être haï du peuple,* car, bien que tu aies les forteresses, si le peuple t'a en haine, elles ne te sauvent pas, puisqu'*il ne manque jamais,* aux peuples qui ont pris les armes, *d'étrangers qui les secourent...*

Tout bien considéré, je louerai donc qui fera les forteresses et qui ne les fera pas, et je blâmerai quiconque, se confiant dans les forteresses, estimera qu'il importe peu d'être haï de ses peuples...

Le plus sûr, c'est l'un et l'autre : avoir des forteresses, et n'être pas haï.

(Chapitre xx.)

Exemple de Ferdinand le Catholique. Il commença par « amuser les barons de Castille » au siège de Grenade, qu'il fit « paresseusement »; pendant ce temps, ils ne pensaient point à bouger; et lui, « il acquérait réputation et empire sur eux, qui ne s'en apercevaient pas. » En outre, et pour pouvoir exécuter de plus grandes entreprises, « il se servit toujours de la religion, et se tourna « à une pieuse cruauté ». Toutes ses actions s'enchaînèrent, « naissant l'une de l'autre, sans laisser jamais, entre l'une et l'autre, l'espace de pouvoir tranquillement agir contre lui » (1).

____

(1) Cf. Guichardin. *la Legazione di Spagna.* Opere inedite, t. VI.

Il est très profitable à un prince de donner de soi de rares exemples dans le gouvernement intérieur... Et surtout un prince doit s'ingénier à acquérir en toute son action la renommée de grand homme et d'homme excellent...

Un prince est encore estimé quand il est vrai ami ou vrai ennemi, c'est-à-dire quand sans aucun égard il se déclare en faveur de quelqu'un contre un autre. *Ce parti est toujours plus utile que de rester neutre.* Car, si deux puissances, tes voisines, en viennent aux mains, ou bien elles sont d'une qualité telle que, l'une d'elles l'emportant, tu aies à craindre du vainqueur, ou non ; dans l'un quelconque de ces deux cas, il te sera toujours plus utile de te découvrir et de faire bonne guerre. Car, dans le premier cas, si tu ne te déclares point, tu seras la proie de celui qui vaincra, au plaisir et à la satisfaction de celui qui aura été vaincu. Et il n'y a ni raison ni chose aucune qui t'en défende ni qui t'abrite : celui qui vainc ne veut pas d'amis suspects et qui ne l'aident pas dans l'adversité ; celui qui perd ne te reçoit pas, parce que tu n'as pas voulu, les armes à la main, courir sa fortune.

Il arrivera toujours que celui qui n'est pas ton ami sollicitera ta neutralité, et que celui qui est ton ami te requerra de te découvrir par les armes. *Les princes mal résolus,* pour fuir les périls présents, *suivent le plus souvent cette voie de la neutralité, et le plus souvent ils se ruinent.* Mais, *quand le prince se découvre* gaillardement *en faveur d'un parti, si celui à qui tu adhères l'emporte,* encore qu'il soit puissant et que tu restes à sa disposition, *il a de l'obligation envers toi et il y contracte de l'amour*, et les hommes ne sont jamais si déshonnêtes qu'ils t'oppriment au prix d'un si grand exemple d'ingratitude. Et puis les victoires ne sont jamais si nettes que le vainqueur n'ait pas à avoir quelque égard, surtout à la justice. *Mais si celui auquel tu as adhéré est battu, tu es accueilli par lui, et tu deviens compagnon d'une fortune qui peut se relever.* Dans le second cas, quand ceux qui combattent ensemble sont de qualité telle que tu n'aies pas à craindre, c'est une d'autant plus grande prudence d'adhérer, que tu vas à la ruine de l'un avec l'aide de qui le devrait sauver s'il était sage ; victorieux, il demeure à ta discrétion, et il est impossible qu'avec ton aide il ne vainque pas.

En règle, il *ne faut pas se joindre à un plus fort pour attaquer un tiers*, à moins que la nécessité n'y contraigne : et *les princes doivent éviter* autant qu'ils le peuvent *de se mettre à la discrétion d'autrui.* « Qu'aucun État ne croie pouvoir prendre des partis sûrs ; au contraire, qu'il pense avoir à les prendre tous douteux ; car il se trouve ceci dans l'ordre des choses, que *jamais on ne cherche à fuir un inconvénient que l'on ne tombe dans un autre ; mais la prudence consiste à savoir connaître la qualité des inconvénients, et à accepter le moins mauvais comme bon.*

Un prince doit se montrer amateur des mérites et honorer les hommes qui excellent en un art. Après, il doit exciter ses concitoyens à exercer leurs métiers, dans le commerce et l'agriculture et toute autre profession. Qu'il réunisse quelquefois, en dehors des quartiers et des métiers, les villes en « université » de tous les citoyens, avec courtoisie et munificence.

(Chapitre XXI.)

Ce qui n'est pas d'une petite importance pour un prince, c'est le choix de ses ministres, qui sont bons ou non, selon la prudence du prince. Et c'est par quoi l'on juge premièrement « de la cervelle » d'un seigneur, à voir les hommes qu'il a autour de lui. *S'ils sont suffisants et fidèles, on peut le réputer sage; ...sinon, la première erreur qu'il commet, il la commet dans ce choix...*

... Il y a trois espèces de cerveaux : l'une comprend par elle-même; la deuxième discerne ce que les autres ont compris; la troisième ne comprend ni par soi ni par les autres. La première est « excellentissime », la deuxième excellente, et la troisième inutile.

A défaut d'être de la première espèce, il faut être de la deuxième. Chaque fois qu'un prince a l'esprit de connaître le bien ou le mal que quelqu'un dit ou fait, encore qu'il n'ait pas d'invention par lui-même, il connaît les œuvres bonnes ou mauvaises du ministre, il encourage les unes et corrige les autres : le ministre ne peut espérer le tromper, et il se maintient bon.

Il est d'ailleurs un moyen que le prince ne s'y trompe pas. Lorsque tu vois le ministre penser à soi plus qu'à toi-même, et que dans toutes ses actions il recherche son intérêt, un homme ainsi fait ne sera jamais un bon ministre, tu ne pourras jamais t'y fier; car un homme qui a en mains l'État d'un autre ne doit jamais penser à soi, mais au prince, et ne lui rappeler jamais chose qui n'appartienne à lui [au prince]. Et, d'autre part, le prince, pour le maintenir bon, doit penser à son ministre, en l'honorant, en l'enrichissant, en l'obligeant envers sa personne, en le faisant participer aux honneurs et aux charges... Quand les ministres [par rapport aux princes] et les princes par rapport à leurs ministres sont ainsi faits, ils peuvent se confier l'un dans l'autre; et quand il en est autrement, la fin est toujours au dommage ou de l'un ou de l'autre.

(Chapitre xxii.)

Contre les flatteurs, « cette peste ». *Le prince prudent doit choisir dans son État des hommes sages auxquels il donne la liberté de lui dire la vérité, seulement dans les choses où il la leur demande,* et non dans d'autres. *Mais il doit la leur demander dans toutes,* entendre leurs opinions, puis *délibérer par lui-même, à sa manière;* en dehors d'eux, ne vouloir entendre personne, suivre la chose délibérée, *et s'obstiner dans ses délibérations.*

Un prince doit toujours prendre conseil, mais quand il le veut, et non quand d'autres le veulent...

C'est une règle générale, et jamais en défaut, *qu'un prince, qui n'est pas sage par lui-même, ne puisse être bien conseillé, à moins que* par hasard [ou par bonheur] *il ne s'en remette à un seul qui le gouverne tout à fait* et qui soit un homme d'une extrême prudence. *Mais cela durerait peu, car bientôt le conseiller enlèverait l'État au prince...*

... Les hommes seront toujours mauvais à ton égard, si quelque nécessité ne les force à être bons. Donc se méfier. D'où que viennent les bons conseils, ils doivent *naître de la prudence du prince, et non la prudence du prince naître des bons conseils* (I).

(Chapitre xxiii.)

Un prince nouveau est toujours plus « observé » [*osservato,* suivi, obéi] dans ses actions qu'un prince héréditaire; et quand elles sont *virtuose* [fortes et courageuses], elles saisissent beaucoup plus les hommes et les obligent beaucoup plus que l'antiquité du sang.

Mais il y a les grands. « On verra quelque prince, ou qui aura eu ses peuples pour ennemis, ou qui, s'il a eu pour ami son peuple, n'aura pas su s'assurer des grands;

(1) Cf. Guichardin, *Ricordi politici e civili*, p. 86 et suiv. — *Opere inedite*, t. 1er.

car, sans ces deux défauts, on ne perd point les États qui ont assez de nerf pour pouvoir mettre une armée en campagne. »

Que nos princes, qui avaient été de longues années dans leur principat, s'ils l'ont ensuite perdu, n'accusent pas la fortune, mais leur lâcheté : car, n'ayant jamais, dans les temps tranquilles, pensé que ces temps pussent changer (et c'est un commun défaut des hommes de ne point dans le calme compter avec la tempête), quand vient ensuite l'adversité, ils n'ont d'idée que de s'enfuir et non de se défendre, avec l'espoir que [plus tard] les peuples, dégoûtés de l'insolence des vainqueurs, les rappelleront.

On ne voudrait pourtant pas tomber, dans l'espérance de trouver quelqu'un qui relèvera.

Ces seules défenses sont bonnes, sont certaines, sont durables, qui dépendent de toi-même et de ta propre virtù.

(Chapitre XXIV.)

Beaucoup ont cette opinion que *les choses de ce monde sont à ce point gouvernées par la fortune* et par Dieu *que la prudence des hommes n'y peut rien changer*, et que par conséquent il ne faut pas « suer » grandement sur elles, mais s'abandonner au sort.

Machiavel avoue qu'il a quelquefois penché à le croire. *Mais* il s'est rendu compte que, « *la fortune n'est maîtresse que de la moitié de nos actions* ». Et voici quelques phrases sur « les temps tranquilles, » les digues et les fossés, les canaux que les hommes peuvent lui opposer. Et voici la fin de la comparaison avec la fortune, qu'ils peuvent toujours essayer de redresser par la *virtù* qui la balance. En Italie (nous y venons, et c'est la préparation de l'appel au Prince qui se lèvera pour la délivrer, chapitre suivant et dernier), « la campagne est sans rive et sans ouvrage de défense, » à la différence de l'Allemagne, de l'Espagne et de la France. Cela, pour ce qu'on peut opposer à la fortune en général. »

Mais, en me resserrant aux particularités, je dis comment on voit aujourd'hui un même prince être heureux et demain se ruiner, sans l'avoir vu changer de nature ou [perdre] aucune qualité. Ce qui, je crois, naît d'abord des raisons qui ont été longuement exposées plus haut, à savoir que le prince qui s'appuie tout sur la fortune se ruine dès qu'elle change. Je crois encore que *celui-là sera heureux qui trouve le moyen de procéder avec la qualité des temps*, et que pareillement *sera malheureux celui dont la manière sera en désaccord avec elle.* Car on voit que les hommes marchent à leur but, qui est la gloire et les richesses, par des procédés différents : l'un avec égard, l'autre avec élan; l'un avec violence, l'autre avec art; l'un avec patience, l'autre avec le contraire; et que chacun, par ces divers moyens, y peut parvenir. On voit encore que, de deux hommes, l'un accomplit son dessein, l'autre non,... ce qui ne vient pas d'autre chose que de la qualité des temps, à laquelle ils se conforment ou non dans leur conduite. D'où naît ce que j'ai dit, que deux hommes, opérant différemment, obtiennent le même effet, et que de deux, opérant de la même manière, l'un atteint son but, et l'autre non... *Si l'homme changeait de nature avec le temps et avec les choses, sa fortune ne changerait pas...*

Je conclus donc que, *la fortune changeant et les hommes étant obstinés dans leurs manières, ils sont heureux tant qu'ils s'accordent ensemble* (l'homme et la fortune) ; *et, quand ils sont en désaccord, malheureux.* Mais je juge qu'*il est mieux d'être impétueux que prudent,* parce que *la Fortune est femme, et qu'il est nécessaire, quand on veut la soumettre, de la battre et de la violenter.* Et l'on voit qu'elle se laisse vaincre par ceux-là plutôt que par ceux qui procèdent froidement. Et donc toujours, comme femme, et amie des jeunes gens, parce qu'ils y mettent moins d'égards, sont plus hardis, et lui commandent avec plus d'audace.

(Chapitre xxv.)

Pour un prince nouveau, en Italie, jamais le temps n'a été plus favorable. Ce dernier chapitre du *Livre du Prince,* qui en est la conclusion, doit être rapproché de la dédicace à Laurent de Médicis (1). Le Prince qui viendra « délivrer l'Italie des barbares » ne serait-il pas là ?

A présent, si l'on veut connaître la *virtù* d'un esprit italien, il était nécessaire que l'Italie fût réduite au terme où elle est maintenant, et qu'elle fût plus esclave que les Hébreux, plus serve que les Perses, plus dispersée que les Athéniens, sans chef, sans ordre,

(1) Dans l'édition de M. Scherillo, il a pour titre : *Exhortation à prendre l'Italie et à la libérer des mains des barbares.* Les mots « à prendre l'Italie, » — *a pigliare la Italia,* — ne figurent pas dans les anciennes éditions. La Testina, par exemple, dit simplement *(Libro del Principe,* XXVI, p. 65 : *Esortatione a liberare la Italia da i barbari,* « Exhortation à libérer l'Italie des barbares. »

battue, dépouillée, déchirée, courue, et qu'elle eût supporté toute sorte de ruines. Et quoique jusqu'ici il se soit montré quelque souffle en quelqu'un (1) d'où l'on pût juger de ce que Dieu avait ordonné pour sa rédemption, on a vu comment, au plus haut cours de ses actions, il [ce quelqu'un, César Borgia] avait été réprouvé par la Fortune. En sorte qu'elle reste sans vie, qu'elle attend quel pourra être celui qui la guérira de ses blessures, qui mettra fin au sac de la Lombardie, aux tailles du Royaume [de Naples] et de la Toscane, et qui la guérira de ses plaies qui se sont « infistulées » — *infistolite* — par la longueur du temps.

On voit comme elle prie Dieu de lui envoyer quelqu'un qui la rachète de ces cruautés et de ces insolences barbares. On la voit encore toute prête et disposée à suivre une bannière, pourvu qu'il y ait quelqu'un qui la prenne. Et l'on ne voit pas à présent en qui elle puisse plus espérer qu'en votre illustre Maison qui, par sa fortune et *virtù*, favorisée de Dieu et de l'Église, dont elle est maintenant prince, puisse se faire chef de cette rédemption... Moïse, Thésée, Cyrus [cités plus haut] furent des hommes à qui Dieu ne fut pas plus ami qu'il ne l'est à vous. Les guerres qu'il faudra entreprendre pour cette cause, étant nécessaires, seront des guerres justes, suivant l'adage : *Justum enim est bellum quibus necessarium, et pia arma ubi nulla nisi in armis spes est...* Dieu est donc avec vous... Le reste, c'est à vous de le faire. Dieu ne veut pas tout faire, pour ne pas nous enlever notre libre arbitre et la part de gloire qui nous appartient...

Il semble toujours qu'en Italie la *virtù* militaire soit éteinte... Mais la matière ne manque pas où introduire toute forme. Il y a ici grande *virtù* dans les membres, quand elle ne fait pas défaut dans les têtes... Les bons deviendront meilleurs quand ils se verront commander par leur Prince et par lui honorer et entretenir. Il réorganisera les armes (2). Ce sont de ces choses qui, de

---

(1) César Borgia.
(2) Machiavel amorce, en passant, mais en le rattachant à la

nouveau ordonnées, donnent réputation et grandeur à un prince nouveau.

Enfin, l'invocation célèbre, l'immortel appel au « nouveau rédempteur, » séculairement attendu, au Prince qui viendra délivrer l'Italie des barbares : « On ne doit donc pas laisser passer cette occasion, afin qu'après un si long temps l'Italie voie son libérateur. Je ne puis exprimer avec quel amour il serait reçu dans toutes ces provinces qui ont souffert de ces inondations étrangères, avec quelle soif de vengeance, avec quelle foi obstinée, avec quelle piété, avec quelles larmes. Quelles portes lui seraient fermées? quels peuples lui refuseraient l'obéissance? Quelle envie s'opposerait à lui? Quel Italien lui refuserait le respect? *A ognuno puzza questo barbaro dominio.* — Littéralement : « *A tout le monde pue cette barbare domination.* »

(Chapitre xxvi et dernier.)

II. — EXTRAIT DES DISCOURS SUR LA PREMIÈRE DÉCADE DE TITE-LIVE

Tout de suite après le *Livre du Prince,* il faut compulser les *Discours sur la première décade* (1) *de Tite-Live.* Je les dépouillerai rapidement. Quelque riches qu'ils soient; plus amples et plus hauts, plus désintéressés, plus sereins, nourris, comme *le Prince* lui-même, et plus visiblement encore qu'il ne l'est, « de la longue pratique et de la lecture continuelle des choses de ce monde », remplis du sentiment que les auteurs qui dédient leurs ouvrages aux grands ont tort de les

libération de l'Italie, son *Arte della Guerra* en sept livres, qui sera, avec le *Discours sur la Décades* et *l'Histoire florentine,* un de ses trois grands ouvrages.

(1) Les dix premiers livres de l'Histoire de Tite-Live.

louer toujours de leurs vertus, quand ils devraient les reprendre de leurs vices, adressés non pas à des princes parce qu'ils sont princes, mais à des hommes que leurs qualités rendraient dignes de l'être ; à ceux qui savent, et non à ceux qui, sans savoir, s'imaginent pouvoir gouverner un État ; à ceux, simples particuliers, à qui, pour être princes, il ne manque que le principat, non point à ceux qui n'ont rien de royal que la royauté (1) ; malgré tout ce qu'ils contiennent et tout ce qu'ils nous offrent, je me contenterai (s'il est permis d'user d'un terme un peu bas) de les « écrémer », car les maximes tirées du *Prince* nous ont livré déjà la substance de ce qui, traditionnellement, constitue le machiavélisme, et, à vouloir pousser la recherche à fond, un volume entier ne suffirait pas (2). J'ajoute donc, tâchant de dégager et d'isoler l'essentiel :

Livre premier

Pour bâtir une cité, il vaut mieux choisir un lieu commode et facile, parce que les contraintes que la nature n'impose pas, la loi peut toujours les imposer, et le reste des avantages demeure (3).

(Chapitre Ier.)

(1) Dédicace des *Discours* à Zanobi Buondelmonti et Cosimo Rucellai.

(2) Ce résumé pourra paraître encore long. Mais il a fallu, en soixante pages, analyser *cent quarante-deux chapitres*. Ceux des lecteurs qui seraient disposés à s'en tenir à une connaissance superficielle pourraient du reste ne s'attacher qu'aux lignes imprimées en italiques.

(3) C'était une question ; et il y a, en Italie même, un illustre

*Les hommes ne se soumettent jamais à une loi
nouvelle qui établit un nouvel ordre dans la cité, s'il
ne leur est pas prouvé par la nécessité qu'il faut le
faire.*

(Chapitre II.)

*Il faut que quiconque organise une république et
en ordonne les lois suppose que tous les hommes sont
mauvais* et qu'ils useront de la malignité de leur
esprit chaque fois qu'ils en auront l'occasion.

Le temps est père de toute vérité.

*Les hommes ne font jamais rien de bon, sinon par
nécessité;* mais, quand ils en ont choix ou licence,
tout se remplit soudain de confusion et de désordre.

*La faim et la pauvreté font les hommes industrieux,
et les lois les font bons.* Là où par elle-même une
chose opère bien, la loi n'est pas nécessaire; mais,
quand la bonne coutume fait défaut, tout de suite
il faut recourir à la loi.

(Chapitre III.)

Sans la bonne *fortune* et la *virtù* militaire, Rome,
république tumultuaire et pleine de confusion, eût
été inférieure à toute autre république. Mais *la
milice* (l'esprit militaire) implique l'ordre.

La désunion de la plèbe et du Sénat romain fit
libre et puissante cette République... *Les bons
exemples naissent de la bonne éducation, la bonne
éducation des bonnes lois, et les bonnes lois de ces*

---

exemple du contraire : Venise, qui a été construite sur la lagune
pour la rendre difficilement abordable.

tumultes que l'on condamne inconsidérément (étant donné que les hommes n'acceptent les lois nouvelles qu'imposées par la nécessité)...

Toute cité doit avoir ses manières à elle de permettre au peuple de donner cours à son ambition, et surtout celles qui, dans les grandes affaires, veulent s'appuyer sur le peuple...

Il est rare que les passions des peuples libres soient pernicieuses pour la liberté.

(Chapitre IV.)

Si tu veux faire un peuple nombreux et armé pour pouvoir élever un grand empire, tu le fais de telle qualité que tu ne peux ensuite le manier à ton gré; si tu le maintiens ou petit ou désarmé pour pouvoir le manier, quand il acquiert un domaine, tu ne peux le tenir, ou il devient si vil, que tu es la proie de quiconque t'attaque.

Rien n'est jamais tout net et sans défaut... Toutes les choses humaines sont telles qu'il faut qu'elles aient des hauts et des bas.

(Chapitre VI.)

Peu agissent toujours à la manière de peu.

(Chapitre VII.)

Autant les accusations sont utiles aux républiques, autant les calomnies sont pernicieuses.

Accusation de dilapidation : c'est un grief auquel les peuples sont toujours sensibles.

Les hommes s'accusent devant les magistrats, les

peuples, les Conseils ; ils se calomnient par les places et par les loges (1). On use davantage de la calomnie là où l'on use moins de l'accusation et où les États sont le moins organisés pour la recevoir. L'organisateur d'une république doit donc pourvoir à ce qu'on puisse accuser tous les citoyens, sans peur et sans risque de soupçon ; cela fait et bien ordonné, il doit punir sévèrement les calomniateurs, lesquels ne se peuvent plaindre lorsqu'ils sont punis, puisqu'il y a des lieux ouverts pour entendre les accusations de ceux qui les auraient calomniés par les loges.

A retenir combien les calomnies sont détestables dans les cités libres et dans tout autre régime : rien ne doit être épargné pour les réprimer.

(Chapitre viii.)

Pour ordonner à nouveau une république ou la réformer tout à fait en dehors de ses anciennes institutions, il est nécessaire d'être seul. Un seul ordonnateur, un seul réformateur.

[La fin justifie les moyens.] *L'effet excuse le fait.* Il faut bien que, le fait accusant (celui qui agit), l'effet l'excuse. Quand il sera bon, toujours il l'excusera, car c'est celui (l'homme) qui est violent pour gâter, et non celui qui l'est pour réparer, qui mérite le blâme.

(Chapitre ix.)

Le chapitre x est destiné à faire voir qu'*autant sont dignes d'éloges les fondateurs d'une république ou d'un royaume, autant ceux d'une tyrannie sont blâmables.*

Différentes causes et différents degrés de la gloire où

(1) Dans le texte : *per le piazze e per le logge.* On sait ce qu'étaient « les loges » dans les villes italiennes Ainsi, au Vatican, les loges de Raphaël. Nous dirions des « galeries ».

peuvent aspirer les hommes dans cet ordre : 1° fondateurs de religions; 2° fondateurs de républiques ou de royaumes; 3° chefs d'armée conquérants; 4° lettrés dans les divers genres. Sont, au contraire, indignes et infâmes, les destructeurs de religion (etc.) : oppositions des contraires.

(Ces parallèles, en se prolongeant, fatiguent un peu : l'artifice y apparaît trop. De même, le développement, trop soigneusement filé, sur *la fortuna* et *la virtù*, qui du moins montre bien qu'il n'y a aucun rapport entre la « virtù » des Italiens de ces temps-là et notre « vertu »).

Le premier des biens, pour le Prince, est d'être en sécurité au milieu de ses sujets également en sécurité. C'est, en effet, ce que devait rechercher d'abord le tyran italien, le plus souvent improvisé par violence et parjure. Mais voici une déclaration qui paraît étrange à cette date, une espèce de revendication, ou plutôt une revendication très claire de la liberté d'opinion; l'âge d'or est présenté comme celui où « chacun peut avoir et défendre l'opinion qu'il veut : *vedrà i tempi aurei...* »

Suit une page qui est, comme forme, d'une force, d'une plénitude, d'un mouvement admirables, et, comme fond, un raccourci puissant de grande histoire (pourtant, peut-être, avec une pointe de déclamation : Machiavel, humaniste ou demi-humaniste, n'a pas ici absolument séparé la politique de « la littérature ».)

Les chapitres XI à XV traitent de la religion dans les États, de l'utilisation par les Princes de ses préceptes, de ses pratiques ou même de ses faux semblants. Ils font pendant, plus largement, à ce que Machiavel a écrit dans le *Libro del Principe* sur les faux semblants nécessaires de quatre ou cinq vertus, dont l'absence totale pourrait faire perdre l'État.

La bonne religion cause les bonnes institutions; les bonnes institutions causent les bonnes fortunes; et de la bonne fortune naissent les bons succès des entreprises. Et comme l'observation du culte divin est cause de la grandeur des républiques, ainsi le mépris de la religion est cause de leur ruine. Car, où manque la crainte de Dieu, il faut bien ou que ce royaume se ruine, ou qu'il soit soutenu par la crainte d'un prince qui supplée au défaut de religion. Et, parce que les princes ont la vie courte, il faut aussi que le règne manque bientôt à mesure que manque la *virtù* du prince. D'où vient que les royaumes qui dépendent seulement de la *virtù* d'un homme sont peu durables, parce que cette virtù manque avec sa vie...

Ce n'est donc pas le salut d'une république (ou d'un royaume) d'avoir un prince qui gouverne prudemment tandis qu'il vit, mais [il convient] qu'il l'organise en sorte que, s'il vient à mourir, elle se maintienne encore. Et, bien qu'il soit plus facile de faire accepter aux ignorants une institution ou une opinion nouvelle, il n'est pourtant pas impossible d'y amener aussi des hommes cultivés, et qui ne se croient pas (*ou* qu'on ne présume pas) des brutes...

(Chapitre XI.)

Les Italiens ont deux « très puissants » griefs contre la Cour de Rome. Le premier est le danger auquel elle expose la foi : on connaît le dicton : (*Roma veduta, fede perduta*); le second est qu'elle fait obstacle à l'unité de l'Italie. Machiavel dit textuellement :

La première raison est que, par les coupables exemples de cette Cour, cette province [ce pays] a perdu toute dévotion et toute religion : ce qui entraine d'infinis inconvénients et d'infinis désordres; car, ainsi que partout où il y a de la religion, on suppose tout bien, partout où elle manque on suppose le contraire. Nous avons donc, envers l'Église et les prêtres, nous Italiens, cette première obligation, d'être devenus sans religion et mauvais, mais nous en avons encore une plus grande, qui est la cause de notre ruine (1). C'est que l'Église a tenu et tient notre pays divisé. Et, vraiment, aucun pays n'a été jamais uni et heureux, s'il n'en est pas venu à obéir à une république ou à un prince, comme il est arrivé à la France et à l'Espagne. Et la raison pour laquelle l'Italie n'en est point au même terme, et n'a ni une république ni un prince qui la gouverne, est uniquement l'Église; parce que, ayant habité et tenu un domaine (empire : *imperio*) temporel, elle n'a pas été assez puissante ni d'assez grande *virtù* pour occuper le reste de l'Italie, et s'en faire prince; et, d'autre part, [elle a été] si faible que, par peur de perdre le domaine des choses temporelles, elle n'a pas pu appeler à son aide un puissant qui l'ait défendue contre celui qui en Italie fût devenu trop puissant. (Exemple de Charlemagne et des Lombards...) L'Église, n'étant donc pas assez puissante pour pouvoir occuper l'Italie, et n'ayant pas permis qu'un autre l'occupât, a été la cause qu'elle n'a pas pu venir

____

(1) On est étonné, quand on lit, par exemple, quelque conteur italien, comme Sacchetti, du ton d'impiété de ses récits, et l'on trouverait des traces d'irrespect, sinon contre l'Église, du moins contre ses ministres, jusque dans les *Ricordi* de Guichardin, haut fonctionnaire pontifical.

sous un [seul] chef; mais elle a été sous plusieurs princes et seigneurs, desquels sont nées une telle désunion et une telle faiblesse qu'elle a été conduite à être la proie, non seulement des Barbares puissants, mais de quiconque l'attaque. De quoi, nous autres Italiens, nous avons obligation envers l'Église, et non envers d'autres. Et qui voudrait par expérience certaine en voir plus prompte la vérité, il faudrait qu'il fût d'une puissance telle qu'il pût envoyer la Cour romaine habiter, avec l'autorité qu'elle a en Italie, dans les terres des Suisses, qui sont aujourd'hui les seuls peuples vivant, et quant à la religion et quant aux institutions militaires, selon les anciens : il verrait qu'en peu de temps, les mauvaises mœurs [*i costumi tristi*] de cette Cour feraient plus de mal en ce pays que n'importe quel autre accident qui s'y pourrait produire en n'importe quel temps.

(Chapitre xii (1).)

Machiavel étudie, d'après des exemples romains, comment on peut user temporellement de la religion et la faire servir à des fins purement politiques.

De son temps, on avait encore des manières d'inter-

(1) Sur ce chapitre, on lit en note, dans l'édition publiée chez Le Monnier, Florence, 1912, la remarque suivante : « Après la phrase : « Quelques-uns sont d'avis que le bien-être des choses d'Italie dépend de Rome », l'édition romaine résume et change en apologie la très grave accusation, en ces termes : *Forse si potria dire il contrario, avendo rispetto però a quelli che in essa Chiesa Romana non servano tutti quelli precetti che debbono servare, anzi vengono ad adulterare li santi et cattolici instituti, li quali sono stati osservati. Et oltra questo, etc.* » Mais la note ajoute que cette « correction » laisse entièrement subsister la seconde et non moins terrible observation.

roger les auspices, avant d'entreprendre une affaire. N'était-ce qu'un moyen de créer, comme on dit maintenant, « un mythe », de faire pénétrer « une suggestion », et n'y cherchait-on qu'un moyen d'influence? Ceux-là mêmes qui le faisaient n'y croyaient-ils pas? D'ailleurs, dès l'antiquité, les auspices se tournaient, ou plutôt on les tournait à ce que l'on voulait. Le mot d'Appius Pulcher, à propos des poulets sacrés, est significatif : « Ils ne mangent pas? Voyons s'il vont boire. » On cite aussi le cas de Papirius. Tous les deux passent outre aux présages : la différence entre eux est, selon Machiavel, que Papirius agit avec prudence, et Appius témérairement. C'est-à-dire que le point est de bien mesurer les chances, puisque, — auspices ou désobéissance aux auspices, — le tout est *d'envoyer l'armée en confiance à la bataille, car de la confiance naît toujours la victoire.*

De même, l'histoire des Samnites, quoique finissant mal pour eux, prouve, suivant Machiavel, *quel secours on peut tirer « de la religion bien employée. »* C'est, avec toutes les réserves de l'expression, le point de vue le plus sèchement utilitaire.

(Chapitres XIII, XIV et XV.)

Un peuple accoutumé à vivre sous un prince est comme un animal habitué à vivre en cage.

Tableau de Florence, sous la République, entre 1498 et 1512, Piero Soderini gonfalonier perpétuel, Machiavel chancelier de la Seconde Chancellerie. Panégyrique du *vivere libero.* Tout cela est trop beau : c'est de la théorie, presque de la phraséologie : ce sont des états idéaux d'un État imaginaire. Mais l'analyse est subtile et, comme toujours, parfaitement filée.

[Pour conserver la liberté,] *il faut tuer les fils de Brutus* : c'est le plus puissant et le plus nécessaire des remèdes; c'est la première des précautions pour les gouvernements de toute forme.

Machiavel exprime ou répète ici une pensée qui lui est chère :

Des hommes qui veulent la liberté, les uns (le plus grand nombre) *la veulent simplement pour être tranquilles, et les autres, pour opprimer autrui.*
Dans toutes les républiques, à l'ordinaire, il n'y a jamais que quarante ou cinquante citoyens en état d'arriver à commander.

Machiavel est grand admirateur des institutions du royaume de France, qui est « un royaume ordonné, réglé par une infinité de lois. » (Il l'avait vu de près, y étant venu quatre fois en ambassade.)

Les rois n'y disposent *ad arbitrium* (et encore !) que « des armes et de l'argent. » Pour tout le reste, ils n'en peuvent user que selon les dispositions des lois (1).

Machiavel attribue un rôle énorme à *la corruzione*, à « la corruption » soit des rois ou des princes, soit des peuples, soit, en général, des formes de gouvernement.
Quand les rois perdirent la tête, le buste était encore intact. Mais, quand le peuple est corrompu, il n'y a plus de remède.
Qu'est-ce, au juste, que Machiavel veut dire par « corrompu » ? Il ne l'explique pas, mais cela s'entend, au sens où non seulement les mœurs, mais les institutions s'altèrent, se détériorent, et, au dernier degré,

(1) Cité par JOSEPH DE MAISTRE, *Considérations sur la France,* chapitre VIII : *De l'ancienne Constitution française.* — OEuvres complètes, édition de Lyon, *ne varietur*, 1891, tome premier, p. 97.

se détruisent, se liquéfient en quelque sorte. A ce dernier degré, il ne reste qu'un recours. *Dans une cité « corrompue » qui vit sous un prince, il faut qu'un prince « éteigne » l'autre; un prince qui la maintienne libre, c'est la seule forme et la seule mesure de liberté qu'un tel État puisse connaître.* (Double exemple de Rome, 1° au temps des Tarquins, — non encore corrompue, — 2° corrompue, au temps des Césars; Jules César, chef des « factions mariennes », c'est-à-dire populaires, un aristocrate démagogue. Exemples modernes de Milan et de Naples). Conclusion : *Un peuple corrompu, venu à la liberté, ne peut se maintenir libre qu'avec une très grande difficulté.*

(Chapitre XVII.)

Et même la question se pose : Est-il possible de maintenir ou de fonder un régime libre dans une cité corrompue?

Pas de règle absolue : tout dépend du degré de corruption. Le : « *Quid leges sine moribus?* » n'est vrai qu'avec sa contre-partie : « *Quid mores sine legibus?* » La vérité est que *les mœurs ont autant besoin de bonnes lois, que les lois ont besoin de bonnes mœurs.* Les lois peuvent être bonnes à l'origine, mais le deviennent moins, à mesure que les hommes deviennent moins bons. Machiavel pense, pour cette raison, que tous les États vont « se corrompant ». Il pose une distinction intéressante entre « les lois, » — les simples lois, — qui peuvent être mises au point et « les institutions » ou « les constitutions », qui ne changent pas, se corrompent et corrompent par là les lois mêmes. *Il faudrait donc changer les institutions comme les lois,* procéder périodiquement à ce que nous nommons des « revisions constitutionnelles. » Mais c'est très difficile. Il y a, en effet, deux manières de procéder : en bloc, ou institution par institution. Dans les deux cas, il serait nécessaire de « *voir de loin.* » Or, peu de gens voient de loin; personne, peut-être, d'assez loin. La masse, jamais; elle a ses habitudes, dont elle a peine à se défaire, et ne regarde point le mal en face. *Pour procéder en bloc, les moyens ordinaires ne suffisent pas : il y faut souvent la violence et les armes. Il faut d'abord s'emparer du pouvoir et « devenir prince » pour s'emparer de la Cité.*

Mais il y a, alors, contradiction, car *la réforme de l'État suppose des hommes bons, et s'emparer de l'État en suppose un mauvais.* Machiavel n'approuve donc pas, ne conseille donc pas l'usurpation par la force (et cette abstention, ou cette réserve marque d'ailleurs le caractère véritable du *Livre du Prince,* qui n'est ni une apologie, ni un pamphlet, mais une espèce de « manuel de géométrie politique, » vide de toute morale, ou plutôt déchargé de tout élément moral.) D'où *l'extrême difficulté à ce que le bon veuille arriver par de mauvais moyens, ou le mauvais opérer par de bons.*

A créer ou maintenir un « État ordonné », il vaudrait mieux l'incliner vers l'État monarchique que vers l'État populaire, car, le pouvoir de correction que n'auraient pas les lois, une puissance presque royale l'aurait peut-être.

Tous les autres moyens seraient vains ou cruels.

(Chapitre XVIII.)

Dans la série des rois peut s'intercaler un prince moins énergique, mais il ne faut pas que son règne dure trop longtemps.

Un État ne supporte pas sans se ruiner deux princes faibles de suite, à moins que, comme la France, ses anciennes institutions ne le maintiennent.

Mais il est bon d'être armé à la fois de prudence et d'armes.

(Chapitre XIX.)

Toujours les deux éléments associés ou successifs, simultanés ou alternatifs, *la virtù* et *la fortuna*.

La supériorité *théorique* des Républiques réside dans la faculté qu'elles ont de choisir non pas seulement deux fois, mais à l'infini, des successeurs *virtuosi.* [Mais, en fait, il faut qu'elles en usent.]

(Chapitre xx.)

Quel blâme méritent le prince et la république qui manquent d'armes propres, qui n'ont pas leurs propres soldats *(armi proprie, soldati propri.)*

A quoi tient le manque de soldats, là où les hommes ne manquent pas.

Comparaison de la France et de l'Angleterre. La France était pleine de capitaines et avait de bons soldats entraînés par les guerres d'Italie. L'Angleterre, sans autres soldats que sortis de son peuple, avait jadis pu assaillir la France. Mais elle avait bien changé depuis lors, dans un long repos. Pour pouvoir faire ce qu'elle avait fait dans ce temps-là, il faut avoir un roi sage et un État bien ordonné, qui, même dans le temps de paix, n'omette pas l'organisation de la guerre.

En somme, *partout où il naît des hommes, il naît des soldats; le tout est de les former, de les discipliner aux armes.*

(Chapitre XXI.)

On ne doit pas risquer toute sa fortune en ne risquant qu'une partie de ses forces.

Jamais, dans une Cité bien ordonnée, les fautes ne se compensent par les mérites. [Les mérites doivent être récompensés, mais les fautes punies.]

Les partis que l'on prend ne sont jamais sages, si l'on peut ou si l'on doit craindre qu'ils ne soient pas observés.

(Chapitre XXII.)

Voilà, vraiment, des préceptes machiavéliques. Les chapitres suivants en sont le développement.

Machiavel insiste sur le premier, qui est une des règles du « jeu de ce monde » : « *Ne jamais mettre en péril toute sa fortune sans y mettre toutes ses forces.* »

Application pratique à « la défense des passages » *contre l'invasion*, dans laquelle il ne faut pas mettre tout son effort ni engager toutes ses ressources, sous peine, s'ils étaient forcés, de créer le découragement : au contraire, on doit se réserver le moyen de lutter, et en quelque sorte de les défendre encore, même en arrière. (Exemple récent : le plateau des *Sette Comuni* pendant la Grande Guerre.)

(Chapitre xxiii.)

Deuxième maxime : *Il ne doit pas y avoir compensation des mérites et des fautes.* Horace vainqueur devait être puni du meurtre de sa sœur Camille. Une république bien ordonnée, après avoir récompensé celui qui a bien fait, le punit s'il fait mal, et pour ce qu'il a fait de mal. Il y va, à bref délai, de la liberté de l'État. Si le héros sait qu'il peut tout se permettre, il se permettra tout.

(Chapitre xxiv.)

Troisième précepte : *Celui qui veut réformer un État ancien en une cité libre, qu'il retienne au moins l'ombre des anciennes coutumes.*

Il faut que le peuple ne s'en aperçoive pas, car le commun des hommes se nourrit des apparences plus que des réalités.

A cette règle doivent se conformer tous ceux qui veulent détruire un régime ancien et le transformer en un régime nouveau et libre. Les nouveautés troublent l'esprit des hommes. On doit donc s'ingénier à faire qu'elles retiennent la part d'ancien la plus grande possible; et si les magistrats changent en titre, en autorité et en durée, qu'ils gardent du moins le même nom.

Distinction : Cela vaut *pour qui veut instituer un*

pouvoir absolu en forme de royaume ou de république ordonnés. Au contraire, pour cette espèce de puissance absolue qu'on appelle « la tyrannie, » il faut renouveler tout.

(Chapitre xxv.)

Quiconque devient prince d'une cité ou d'un État (et d'autant plus que ses fondements sont faibles), *le meilleur moyen qu'il ait de tenir ce principat, étant prince nouveau, est de faire tout nouveau dans cet État;* comme il est, dans les cités, de faire de nouveaux gouvernements, avec de nouveaux noms, avec de nouvelles autorités, avec de nouveaux hommes, de faire les pauvres riches, comme fit David, quand il devint roi, *qui esurientes implevit bonis, et divites dimisit inanes;* d'édifier en outre de nouvelles villes, de défaire celles qui étaient faites, de changer les habitants d'un lieu à un autre, et en somme de ne laisser rien intact dans cette province, et qu'il n'y ait ni degré, ni ordre, ni état, ni richesse que celui qui la possède ne reconnaisse tenir de toi... Ainsi fit Philippe de Macédoine, père d'Alexandre, qui, par ces moyens, de petit roi, devint prince de Grèce.

Machiavel, du reste, se borne à constater, et se garde d'approuver. Il remarque :

Ce sont des façons très cruelles, ennemies de toute vie non seulement chrétienne, mais humaine. Tout homme doit les fuir, et vouloir vivre en simple particulier plutôt que de devenir roi au prix d'une telle ruine des hommes.

Néanmoins, celui qui ne prend pas la voie du bien,

s'il veut se maintenir, il faut qu'il se résigne à ce mal (littéralement : « qu'il entre dans ce mal »). Mais les hommes prennent certaines *vie del mezzo*, parce qu'ils ne sont ni tout à fait bons, ni tout à fait méchants, comme le montreront les exemples du chapitre suivant.

En attendant, celui-ci, dans sa brièveté, est très caractéristique de la pensée, ou (avec toutes réserves sur le mot) de « la morale » machiavélique.

(Chapitre xxvi.)

Le premier des exemples annoncés est celui du pape Jules II, quand, en 1505, allant à Bologne pour en chasser les Bentivogli, il commit l'imprudence de se mettre désarmé entre les mains de Giovampagolo Baglioni, tyran de Pérouse. Il aurait pu, et presque il aurait dû, être pris par Giovampagolo, dont tout le monde pensa « qu'il avait manqué une belle occasion d'en finir avec son ennemi et, du même coup, de s'enrichir des dépouilles des cardinaux accompagnant le Pape *con tutte le lor delizie.* »

Ce ne fut ni bonté, ni conscience ; il ne pouvait y en avoir dans son cœur fermé à tout respect humain.

Mais c'est que *les hommes ne savent pas être honorablement mauvais ou parfaitement bons ; et, quand une méchanceté a en soi sa grandeur, ou est par quelque côté généreuse, ils ne savent pas s'y décider.*

Ainsi Giampagolo, à qui il était indifférent d'être inceste (il vivait avec sa sœur, *si teneva la sorella*) et parricide public (il avait assassiné ses neveux et ses cousins), « ne sut pas ou, pour mieux dire, n'osa pas, en ayant une juste occasion, se lancer dans une entreprise où chacun eût admiré son courage et qui eût laissé de lui une mémoire éternelle, puisqu'il eût été le premier qui eût démontré aux prélats combien peu est à estimer qui vit et règne comme eux, et qu'il eût fait une chose dont la grandeur aurait surpassé toute infamie, tout péril qui en pût dépendre. »

Ce chapitre encore est bien caractéristique des idées et de « la morale » ou, si nous devons en juger selon notre temps, de « l'amoralisme » ou de « l'amoralité » politique de Machiavel.

(Chapitre XXVII.)

Toutes les républiques sont en quelque manière ingrates envers leurs citoyens. (Exemples de Rome et d'Athènes. A Athènes, l'ostracisme était devenu une manière d'institution, *l'ordine dell' ostracismo,* et néanmoins restait une « violence », *ogni altra violenza.*) Certains écrivains l'ont noté : les peuples mordent plus durement, après qu'ils ont retrouvé la liberté, que lorsqu'ils l'ont conservée. Athènes, d'ailleurs, n'en doit pas être blâmée, ni Rome louée : la nécessité seule en est cause, par la diversité des accidents qui se sont produits dans les deux cités.

Ce que Machiavel appelle « l'ingratitude » est, au surplus, quelque chose de très particulier, qui n'exige pas absolument de service rendu (1).

(Chapitre XXVIII.)

La question se pose encore : quel est le plus ingrat d'un peuple ou d'un prince (2)?

Premier point à établir : l'ingratitude repose ou sur l'avarice ou sur le soupçon.

Exemple du capitaine victorieux, et non récompensé.

Le prince qui « se montre ingrat » envers lui non

---

(1) Cf., dans les *Opere minori,* le *Capitolo dell' Ingratitudine.*
(2) C'est précisément le sujet du *Capitolo dell' Ingratitudine,*

seulement commet une faute qui n'a pas d'excuse, mais « se charge d'une infamie éternelle. » Et sans doute y a-t-il là quelque hyperbole. Mais, lorsque Machiavel porte cette sentence, il est dans une disposition d'esprit et d'âme très sévère. Il a du reste toujours été amer sur « le chapitre de l'ingratitude », et il a souffert plus encore que de n'avoir pas été récompensé selon ses services, de n'avoir pas été utilisé selon ses talents. *Nessun' maggior dolore...*

Au contraire, *le prince ou le peuple ingrats ont quelque excuse, s'ils agissent ainsi non par avarice, mais par soupçon.* La victoire d'un général peut ne pas « sentir bon » pour le seigneur qui lui a confié le commandement, à cause de la réputation qu'elle lui vaut, et près de ses soldats, et près de l'ennemi, et près des sujets mêmes du prince. Il est impossible que de quelque façon le général victorieux ne travaille lui-même à accroître ce soupçon né spontanément dans l'esprit du seigneur au lendemain de la victoire. Pour se garantir, le prince pense alors à le faire mourir, à lui enlever sa réputation; il s'applique donc à montrer que la victoire est due non à la valeur du général, mais au hasard, à la lâcheté de l'ennemi, à l'habileté des autres capitaines qui ont participé à l'action...

[On le voit, c'est dans tous les temps que « Plutarque a menti ». L'ingratitude des princes et des peuples est un thème éternel et universel.]

Le soupçon est si naturel aux princes qu'ils ne s'en peuvent défendre, et ils ne sauraient témoigner de reconnaissance envers ceux qui, sous leurs enseignes, ont fait de grandes conquêtes. Et ce dont ne se défend pas un prince, ce n'est pas un miracle, ni chose digne de plus grande considération, si un peuple ne s'en défend pas. Car, une cité libre ayant deux fins, l'une d'acquérir, l'autre de se maintenir libre, il faut que, dans une chose ou dans l'autre, elle pèche par excès d'amour. On parlera plus loin des erreurs pour acquérir. Quant aux erreurs pour se maintenir libre, ce sont, entre autres, celles-ci : offenser les citoyens qu'elle devrait récompenser, avoir soupçon de ceux en qui elle devrait se confier.

La tyrannie peut naître de l'ingratitude, le chef victorieux pouvant être tenté de prendre ce qu'on lui refuse. Mais seulement dans une République corrompue (Exemple : Rome et César).

Dans une République non corrompue, ces manières peuvent, au contraire, produire de grands biens, les hommes, par crainte de châtiment, se gardant meilleurs et moins ambitieux.

Causes de l'ingratitude (Rome envers Scipion) :

1° La grandeur de l'ennemi qu'il avait vaincu ;

2° La réputation que lui avait value la victoire dans une guerre aussi longue et aussi périlleuse ;

3° La rapidité de cette victoire ;

4° La faveur que sa jeunesse, sa prudence et ses autres vertus lui méritaient.

Tant et si bien que les magistrats redoutaient son autorité, chose insolite dans Rome.

Le premier adversaire qu'eut Scipion fut Caton l'Ancien, qui passait pour « saint » ; il était d'avis qu'une cité ne saurait se dire libre, où il y avait un citoyen redouté des magistrats. C'était un cas où l'on pouvait légitimement invoquer l'excuse qui vaut pour les peuples et les princes dont l'ingratitude n'est fondée que sur le soupçon.

En conclusion : *les peuples n'usent jamais d'ingratitude par avarice, et par soupçon ils en usent beaucoup moins que les princes*, ayant moins de raisons de suspecter (1).

(Chapitre XXIX.)

(1) Cf. *Capitolo dell' Ingratitudine.*

Des moyens pour un prince ou pour une république de fuir le vice de l'ingratitude.

Le prince doit aller de sa personne à la guerre.

(Exemples piquants par leur rapprochement : les empereurs romains, le Turc, les *virtuosi*.) S'ils en sortent vainqueurs, tout est à eux, la gloire et le profit. Sinon, la gloire étant à d'autres, ils ne peuvent jouir de ce qu'ils ont acquis sans éteindre en autrui cette gloire qu'eux-mêmes n'ont pas su gagner, ni sans devenir ingrats et injustes ; et, sans nul doute, leur perte est plus grande que le gain.

Mais si, par négligence ou par peu de prudence, ils restent à la maison, je n'ai de précepte à leur donner que ce qu'ils savent par eux-mêmes. Mais je dis à ce capitaine, estimant qu'il ne peut fuir les morsures de l'ingratitude, qu'il fasse l'une de ces deux choses : ou bien que, tout de suite après la victoire, il quitte l'armée et se remette aux mains de son prince, en se gardant de tout acte insolent ou ambitieux ; ou bien, s'il ne lui paraît pas bon de le faire, qu'il prenne courageusement le parti contraire, et s'attache de toute façon à ce qu'il a conquis pour lui-même et non pour son prince, en se conciliant les soldats et les sujets ; qu'il noue de nouvelles amitiés avec les voisins, occupe avec ses hommes les places fortes, corrompe les chefs de son armée et s'assure de ceux qu'il ne peut corrompre ; et qu'ainsi il cherche à punir son seigneur de l'ingratitude que celui-ci lui témoignerait. (Ainsi la punition est préventive, et c'est parer avant le coup.) — Il n'y a pas d'autres chemins : donc, pas de *vie del mezzo*. Mais, on le répète, *les hommes ne savent être ni tout à fait bons, ni tout à fait mauvais*, et il arrive toujours qu'aussitôt après la victoire, ils ne veulent pas quitter l'armée, ils ne savent pas se conduire modestement, ils ne savent pas user de moyens violents, mais qui sont, en soi, honorables ; de sorte que demeurant irrésolus, dans cette inaction et cette ambiguïté, ils s'abandonnent à l'oppression.

[Ce qui précède s'entend sous la domination d'un prince.] Dans une république, c'est autre chose. Il faut bien envoyer quelque citoyen à la guerre. Que cette république fasse donc comme la romaine, pour être moins ingrate que les autres, ce qui tient à son mode de gouvernement. Toute la cité, nobles et non nobles, s'employant aux armées, il surgissait toujours dans Rome, à chaque génération, tant d'hommes de valeur, et parés de si diverses victoires, que le peuple n'avait rien à craindre d'aucun d'eux, à cause de leur nombre et parce que l'un le gardait de l'autre. De leur côté, ils demeuraient intègres et prenaient garde de porter ombrage aucun d'ambition. Parvenus à la dictature, celui-là en retirait le plus de gloire qui la déposait le plus vite. Ainsi, comme de pareilles manières ne pouvaient engendrer de soupçon, elles n'engendraient point non plus d'ingratitude. Si, par conséquent, une république ne veut pas avoir de raison d'être ingrate, elle doit se gouverner comme Rome, et si un citoyen en veut éviter les morsures (de l'ingratitude), il doit se comporter comme les citoyens romains.

(Chapitre xxx.)

Pendant la guerre de 1914-1918, j'avais traduit littéralement quelques chapitres du *Discours* qui me semblaient offrir, par rapport aux événements, un intérêt plus spécial et donner matière à nos réflexions. A quoi eût-on pu penser de plus fort que ces pages magistrales, et n'était-ce pas, dans nos angoisses, de belles leçons de sagesse et de fermeté?

Que les capitaines romains, pour une erreur commise, ne furent jamais punis extraordinairement; et qu'ils ne furent encore jamais punis quand, pour leur ignorance ou les mauvais partis pris par eux, il en fût résulté des dommages pour la République.

Les Romains, non seulement, comme nous l'avons dit ci-dessus, ont été moins ingrats que les autres républiques, mais ils furent encore plus cléments et plus modérés dans la punition des capitaines de leurs armées,.que [ne le furent] quelques autres. C'est pourquoi si l'erreur [des généraux] avait été commise dans une mauvaise intention, ils les châtiaient humainement; si c'était par ignorance, loin de les punir, ils les récompensaient et les honoraient. Cette manière de procéder était de leur part fort bien faite, car ils jugeaient qu'il était d'une telle importance, pour ceux qui dirigeaient leurs armées, d'avoir l'esprit libre et léger, et sans autres égards à observer pour prendre un parti, qu'ils ne voulaient pas ajouter à une chose par elle-même difficile et périlleuse de nouvelles difficultés et de nouveaux périls, pensant qu'à les y ajouter, il ne pourrait y avoir personne qui opérât jamais avec vigueur *(virtuòsamente)*. Par exemple, ils envoyaient une armée en Grèce contre Philippe de Macédoine, ou en Italie contre Annibal, ou contre ces peuples qu'ils vainquirent d'abord. Le capitaine qui était préposé à cette expédition était tourmenté de tous les soucis qui se pressent autour de ces affaires, lesquelles sont graves et très importantes. Maintenant, si à de tels soucis s'étaient joints en plus des exemples des Romains qui eussent crucifié ou fait autrement périr ceux qui eussent perdu les batailles, il était impossible que ce capitaine, parmi tant de soupçons, pût délibérer vaillamment. Mais, jugeant que, pour ces généraux, c'était une peine assez lourde que d'avoir perdu la bataille, ils (les Romains) ne veulent pas les effrayer avec une autre peine plus grande.

Voici un exemple, en ce qui touche l'erreur qui a été commise autrement que par ignorance. Sergius et Virginius étaient au camp à Véies, préposés chacun à une partie de l'armée : desquels Sergius était du côté par où pouvaient venir les Toscans, et Virginius de l'autre côté. Il arriva que, Sergius étant attaqué par les Falisques et par d'autres peuples, il supporta d'être rompu et mis en fuite avant que de demander du secours à Virginius. Et, d'autre part, Virginius, attendant qu'il s'humiliât, aima mieux voir le déshonneur de sa patrie, et la ruine de cette armée, que de le secourir. Cas vraiment exemplaire et triste, et qui ne ferait pas bien penser de la République romaine, si l'un et l'autre n'avaient été châtiés. Il est vrai que, là où une autre république les aurait punis de peine capitale, celle-là les punit seulement d'une amende. Ce qui vint non pas de ce que leurs fautes ne méritassent point une plus grande punition, mais de ce que les Romains veulent, pour les raisons déjà données, maintenir leurs antiques coutumes.

Et quant aux erreurs par ignorance, il n'est pas de plus bel exemple que celui de Varron : par la témérité de qui, les Romains ayant été battus à Cannes par Annibal, la République y courut le péril de perdre 'a liberté; néanmoins, parce qu'il y eut dans ce cas ignorance et non mauvaise intention, non seulement ils ne le châtièrent pas, mais ils l'honorèrent, et tout l'ordre sénatorial alla à sa rencontre lors de son retour à Rome; et ne pouvant le remercier de la bataille, il le remercia d'être revenu à Rome, et de n'avoir point désespéré des choses romaines.

Quand Papirius Cursor voulait faire mourir Fabius pour avoir malgré ses ordres combattu avec les Samnites, entre autres raisons qui étaient alléguées par le père de Fabius contre l'obstination du Dictateur, il y avait que le Peuple romain, dans aucune défaite de ses capitaines, n'avait jamais fait ce que Papirius voulait faire dans la victoire.

(Chapitre XXXI.)

Dans la Rome antique, au temps où Porsena voulait ramener les Tarquins, le Sénat craignait que le Peuple n'aimât mieux accepter les Rois que de soutenir la guerre; pour s'assurer le dégrèvement des gabelles du sel et de toute charge, on disait que « les pauvres font déjà assez pour l'État quand ils élèvent leurs enfants... »

Que personne ne diffère jusqu'au jour du danger pour se concilier le peuple. Car le commun des hommes jugera que le bien que tu leur feras, ce n'est pas à toi qu'ils le doivent, mais à tes adversaires, et, devant redouter que, la nécessité passée, tu ne leur retires ce que tu leur auras donné par force, ils ne t'auront aucune obligation...

Quiconque, république ou prince, tient un État, doit considérer par avance de quels hommes il pourra avoir besoin dans les temps de nécessité, et ne pas attendre pour se conduire avec eux comme il devra le faire alors. Qui se gouverne autrement, prince ou république, — mais surtout prince, — et croit se réconcilier les hommes avec des bienfaits, le péril venu, il se trompe : non seulement il ne s'assure pas, mais il accélère sa ruine.

(Chapitre XXXII.)

Quand un inconvénient s'est révélé dans une république ou contre une république, et quand il est devenu si grand qu'il commence à faire peur à tout le monde, c'est un parti bien plus sage de temporiser avec lui que de vouloir le supprimer.

La cause de tels accidents est plus souvent intrinsèque qu'extrinsèque. Ou bien on laisse prendre trop de puissance à un citoyen, ou bien une loi se corrompt qui est le nerf de la liberté. Et on laisse aller cette erreur tant et tant qu'il est plus dangereux d'y vouloir remédier que de la supporter. (A moins que l'on n'ait pu saisir le mal à son début...)

Mais il est d'autant plus difficile de connaître ces inconvénients quand ils naissent, qu'il paraît plus naturel aux hommes de favoriser les commencements des choses. Cette faveur est puissante surtout dans les œuvres qui semblent avoir en elles quelque *virtù* et qui sont entreprises par de jeunes gens. Car si, dans une république, on voit surgir quelque jeune noble qui ait en lui une *virtù* extraordinaire, les yeux de tous les citoyens se tournent immédiatement vers lui. Et s'il a quelque peu d'ambition, il se trouve tout à coup dans une position telle que, quand les citoyens s'aperçoivent de leur erreur, ils ont peu de remèdes à y opposer. En usant de ceux qu'ils croient avoir, ils ne font qu'accélérer son ascension.

(Les exemples sont nombreux. Machiavel en cite un dans Florence, celui de Cosme de Médicis et de Niccoló da Uzzano.)

Je dis donc que, puisqu'il est difficile de connaître ces maux à leur naissance, à cause d'une sorte de piège que tendent les choses dans leur commencement (un *inganno* des choses, le mot est dans le texte), c'est un plus sage parti de temporiser (répétition), parce qu'en temporisant, ou le mal s'éteint de lui-même, ou bien il est moins ressenti, étant différé sur un plus long temps.

Tout dépend de sa force et de son degré. Quand on se sent capable de le guérir, il faut le combattre sans le ménager [et l'extirper radicalement]. Sinon, ne tenter rien du tout.

(Chapitre XXXIII.)

Ces considérations conduisent l'auteur du *Discours* à méditer sur la Dictature, et, bien que son œuvre, dans l'ensemble, ne soit pas un modèle de composition, elle se tient pourtant assez bien dans certaines de ses parties.

L'autorité dictatoriale fut bonne et non nuisible à la République romaine. C'est l'autorité que les citoyens s'arrogent, et non celle qui leur est donnée

*par de libres suffrages, qui est pernicieuse pour la
liberté.* (Traduisons ainsi *la vita civile.*)

La raison pour laquelle des esprits superficiels ont
condamné la dictature à Rome, c'est que César se servit de ce nom pour donner à son usurpation de pouvoir
une étiquette honorable.

Mais c'est confusion pure. *Car ce n'est ni le nom ni
même l'état de dictateur qui firent Rome esclave, mais
bien l'autorité que s'arrogèrent des citoyens en perpé-
tuant le commandement. A défaut de ce nom, ils en auraient pris un autre. Ce sont, en effet, les forces qui
prennent facilement des noms, et non les noms, des
forces.*

*Le tout est que le Dictateur soit créé selon les institu-
tions de la république et ne se crée pas de sa propre autorité.*

Il y a des circonstances qui permettent à un citoyen
d'acquérir une autorité extraordinaire. Encore n'est-ce
pas facile.

Le dictateur créé régulièrement ne l'était que pour
un temps et pour un objet déterminés. Son autorité
avait des limites, qui étaient fixées. Ainsi réglée, la dictature fut d'abord une des institutions qui servirent le
plus à la grandeur de Rome.

*Sans quelque chose de semblable, les États sortiront
difficilement des accidents extraordinaires, parce que
les institutions dans une république ont le mouvement
lent* (aucun conseil ou aucune magistrature ne pouvant
rien par soi-même, et tous ou toutes s'appuyant en bien
des cas l'une sur l'autre). Condition périlleuse, quand
il faut aller vite.

Comment Venise y a pourvu, en réservant, pour les
besoins urgents, l'autorité à peu de citoyens.

*Si, dans une république, il n'a pas été prévu quelque
chose de pareil, il faut ou, en conservant les institutions,
aller à la ruine, ou pour ne pas se ruiner, les rompre.*

*Pas de république parfaite, si elle n'a point paré à
tout accident possible.*

A Rome, comme les Consuls étaient en quelque sorte

« diminués » par le dictateur, puisqu'ils devaient lui obéir comme les autres, ce fut eux qu'on chargea de le désigner, afin qu'il leur en coûtât moins.

En effet, *les blessures que l'homme se fait de lui-même et par son propre choix le font moins souffrir que celles qu'il reçoit d'autrui.*

(Chapitre XXXIV.)

Dans la création d'une magistrature extraordinaire, il faut tenir grand compte du temps pour lequel elle est créée, et ne jamais la créer pour longtemps.

Les Decemvirs, à Rome, furent plus dangereux que le Dictateur, car, avec le Dictateur, il restait les Tribuns, les Consuls, le Sénat. Les Decemvirs, au contraire, annulaient tout.

Même dans le cas d'une autorité conférée par de libres suffrages (c'est-à-dire d'une dictature régulière), il importe qu'un peuple ne la donne jamais qu'en des temps et des conditions convenables. Autrement, il arrivera ce qui arriva à Rome avec les Dix.

Les Spartiates envers leurs rois, les Vénitiens envers leurs doges, durent prendre des précautions, parce que les pouvoirs dont les uns et les autres étaient investis devaient être de longue durée. Et il ne sert de rien, en ce cas, que la matière ne soit pas corrompue, parce qu'*une autorité absolue, en très peu de temps,* « corrompt la matière et se fait des amis et des partisans. » Et il ne nuit pas au chef d'être pauvre ou de n'avoir pas de parents, parce que la richesse et toute autre faveur soudain lui « courent après ».

(Chapitre XXXV.)

Les citoyens qui ont eu les plus grands honneurs n'en doivent pas dédaigner de moindres.

(Chapitre XXXVI.)

Quand les hommes ne combattent point par nécessité, ils combattent par ambition. La nature les a ainsi faits qu'ils peuvent tout désirer et ne peuvent pas tout attendre.

Les républiques bien ordonnées doivent tenir le Trésor riche et les particuliers pauvres.

Les hommes estiment plus l'intérêt que les honneurs. Tant qu'il ne s'agit que d'honneurs, la noblesse romaine céda assez facilement.

(Opinion contraire à ce que dit Montesquieu de l'aristocratie, s'il faut confondre l'honneur et les honneurs (qui, en un certain sens, en sont un signe extérieur); contraire aussi, semble-t-il, aux faits historiquement établis.)

Pour guérir un désordre né dans une république, c'est un mauvais parti que de faire une loi qui reprenne les choses de trop loin en arrière; il vaut mieux temporiser, car il arrive qu'avec le temps, le désordre s'use de lui-même (1).

(Chapitre XXXVII.)

Les républiques faibles sont mal résolues et ne savent pas délibérer; et si elles prennent jamais quelque parti, cela vient plus de la nécessité que de leur choix.

Il faut paraître permettre ce qu'on ne peut pas empêcher.

Ce qu'ont de pire les républiques faibles, c'est d'être irrésolues, de sorte que, tous les partis

(1) Voyez plus haut, chapitre XXXIII.

qu'elles prennent, elles les prennent par force, et s'il leur arrive de faire quelque chose de bien, elles le font par force et non par leur prudence.

(Chapitre XXXVIII.)

Les situations politiques se représentent les mêmes dans tous les pays et dans tous les temps, parce que les désirs et les humeurs des peuples ne changent pas.

D'où vient qu'il est facile de déduire des choses passées les remèdes à appliquer aux difficultés du présent.

Il faut seulement que les peuples connaissent que *la cause du mal est la fièvre, et non le médecin, et que le nom est souvent plus odieux que la chose.*

(Chapitre XXXIX.)

Lorsqu'un peuple se porte à commettre cette erreur de donner réputation à un homme pour qu'il opprime ceux qu'il a en haine, et que cet homme est sage, il arrivera toujours qu'il deviendra tyran de la cité. Car il s'attachera, avec la faveur du peuple, à « éteindre » la noblesse, et il ne se tournera jamais à l'oppression du peuple, qu'il ne l'ait d'abord « éteinte » (1); si bien que, dans le même temps que le peuple connaîtra qu'il est esclave, il n'ait plus où se réfugier.

Le tyran ne peut jamais gagner toute la noblesse. Qui veut tenir une chose par violence, il faut que

_____

(1) Notons une fois de plus, dans le *Discours* comme dans *Le Prince*, l'emploi constant, à tous ses temps, du verbe *spegnere*, qui ne peut se traduire littéralement que par « éteindre ».

celui qui force soit plus puissant que celui qui est forcé. On (le tyran) est plus puissant en s'appuyant sur le peuple que sur les grands.

Conditions de la sécurité pour le tyran qui a le peuple contre lui :

1° Une garde étrangère;

2° Armer les gens du plat pays pour suppléer à la plèbe [de la ville];

3° S'allier avec des voisins puissants qui le défendent.

« Les hommes, disait le roi Ferdinand, sont souvent comme certains petits rapaces : ils sont si occupés de saisir leur proie, — à quoi la nature les invite, — qu'ils n'aperçoivent pas un autre grand oiseau qui fond sur eux pour les tuer. »

(Chapitre XL.)

Sauter de l'humilité à la superbe, de la piété à la cruauté, sans les transitions nécessaires (senza i debiti mezzi), *est chose imprudente et inutile.*

. (Exemple d'Appius, à qui Machiavel donne pourtant raison d'avoir osé « se créer » lui-même, contre l'opinion de la noblesse et en plusieurs autres points, mais dont « le tort fut de changer subitement de nature » .)

Lorsque, de bon, on veut devenir mauvais, il faut le faire avec les moyens termes nécessaires, de façon à n'avoir pas perdu ses anciens amis, sans s'en être fait de nouveaux. Sinon, on se trouve découvert, sans amis, et c'est la ruine.

(Chapitre XLI.)

Facilité avec laquelle les hommes se corrompent par intérêt et par ambition.

Les législateurs devraient mettre un frein aux

appétits humains et leur ôter toute espérance de pouvoir se déchaîner impunément.

(Chapitre XLII.)

Hanté de son projet de « milices », Machiavel s'élève contre les mercenaires et pose en règle que « ceux qui combattent pour leur propre gloire sont bons et fidèles soldats ».

(Chapitre XLIII.)

Une multitude sans chefs est inutile, et il ne faut pas menacer d'abord, et puis demander le pouvoir.

(La plèbe romaine sur le Mont Sacré.)

Voici qui est machiavélique, au sens péjoratif du mot :

C'est sottise et faute de prudence que de demander une chose et de dire d'abord : je veux te faire du mal avec elle, car on ne doit pas découvrir son dessein, mais chercher à obtenir d'abord ce qu'on désire. Il suffit de demander à quelqu'un ses armes, sans lui dire : je veux te tuer avec elles ; puisque tu peux, quand tu as les armes en main, satisfaire ta volonté (littéralement : ton appétit).

(Chapitre XLIV.)

Quand on a fait une loi, il est d'un mauvais exemple de ne pas l'observer, et raviver chaque jour les injures (les tracasseries) dans une république est pernicieux pour qui la gouverne.

(Ce fut une erreur de Savonarole, dans les écrits duquel Machiavel loue « la science, la prudence, la *virtù* de l'âme ou du cœur », mais qui ne sut pas

« respecter une loi qu'il avait faite » sur les appels des sentences au peuple. Car ou cette loi était utile, et il fallait l'observer, ou elle était inutile, et il ne fallait pas la faire. Le fait fut d'autant plus remarqué que, par la suite, le Frère n'en parla point, comme s'il ne pouvait pas le condamner et ne pouvait pas le défendre; ce qui découvrit « son esprit ambitieux et partisan » et lui fit perdre de sa réputation.)

Danger d'exciter, par de nouvelles injures à celui-ci ou celui-là, les « humeurs » de la cité, qu'il faut se bien garder de « rafraichir ».

D'où la même pensée, que :

Les cruautés doivent être commises au commencement des règnes.

Car il est nécessaire ou de ne pas offenser quelqu'un, ou de le faire tout d'un trait; et puis de rassurer les hommes et de leur donner motif de se tranquilliser et reposer l'esprit.

(Chapitre XLV.)

Les hommes montent d'une ambition à une autre, et l'on cherche d'abord à ne pas être offensé, ensuite à offenser autrui.

Omnia mala exempla bonis initiis orta sunt (Salluste). Tous les mauvais exemples sont sortis de bons commencements. Ainsi ceux qui « vivent ambitieusement » dans une république ont cherché d'abord à n'être pas offensés, non seulement par les particuliers, mais par les magistrats; pour y arriver, ils contractent des amitiés; ces amitiés, ils les acquièrent par des moyens en apparence honnêtes, ou en subornant (les gens) à prix d'argent ou en les défendant contre les puissants; or, comme cette conduite paraît vertueuse, chacun y est facilement trompé, et personne n'y porte remède. En conséquence, une république doit avoir parmi ses lois de veiller à ce que ses citoyens, sous couleur de bien, ne puissent faire de mal, et qu'ils aient cette réputation qui sert, et ne nuit pas à la liberté.

(Chapitre XLVI.)

Les hommes se trompent dans les choses générales; pas autant dans les particulières. La plèbe romaine croyait avoir ses raisons de mériter le Consulat. Elle le méritait dans son ensemble, en général. Mais, quand il en fallut venir aux particularités, aux applications, donner des noms, trouver des hommes, elle s'aperçut qu'elle n'avait personne.

La peur peut avoir des effets heureux. Il n'est rien de tel que de voir les choses de près. C'est ce qui fait qu'on peut être « d'une opinion sur la place et d'une autre dans le palais ». Machiavel persiste néanmoins dans la vieille idée que le peuple ne se trompe pas « dans la distribution des emplois et des dignités ». (Nous sommes éclairés là-dessus par les aberrations du suffrage universel.)

(Chapitre XLVII.)

Le chapitre XLVIII n'est guère qu'un sommaire ou un argument.

Celui qui veut qu'une magistrature ne soit pas donnée à un homme vil ou méchant doit la faire solliciter ou par un trop vil et trop méchant, ou par un trop noble et trop bon.

C'est l'application à la politique du système ou du procédé « de l'ilote ».

(Chapitre XLVIII.)

Les villes qui ont eu leur principe (leur commencement) libre, comme Rome, ont de la difficulté à trouver des lois qui les maintiennent;

celles qui ont été immédiatement serves en ont presque une impossibilité.

(Chapitre XLIX.)

Un conseil ou un magistrat (même, au sens collectif, une magistrature) *ne doit pas pouvoir arrêter les actions de la Cité.*

(Chapitre L.)

Une république ou un prince doivent avoir l'air de faire par libéralité (de leur plein gré) *ce à quoi la nécessité les contraint.*

Les hommes prudents se font toujours un mérite, dans chacun de leurs actes, de ce que la nécessité les aurait obligés de faire.

(Chapitre LI.)

Pour réprimer l'insolence d'un homme qui surgit dans une république puissante, il n'y a pas de plus sûr et moins scandaleux moyen que de lui couper par avance (preoccuparli) *les voies par lesquelles il vient à cette puissance.*

(Chapitre LII.)

Le peuple désire souvent sa ruine, trompé par une fausse apparence de bien. Les grandes espérances et les belles promesses l'émeuvent facilement.

Machiavel répète, après Dante dans le *De Monarchiâ*, que bien des fois il arrive au peuple de crier : *Vive ma mort!* et *Meure ma vie!*

(Chapitre LIII.)

Quelle autorité peut avoir un grand pour refréner une foule excitée.

(Chapitre LIV.)

Avec quelle aisance se conduisent les choses dans une cité où la multitude n'est pas corrompue; que, là où règne l'égalité, il ne se peut faire un principat; et que, là où elle ne règne pas, il ne se peut faire une république.

On ne peut espérer rien de bon dans les pays qui de notre temps se montrent corrompus, comme l'Italie par-dessus tous les autres; l'Espagne et la France en partie; bien que, dans ces deux dernières, on ne voie pas tant de désordres qu'il en naît chaque jour en Italie, premièrement parce qu'elles ont un roi qui les maintient unies non seulement par sa *virtù*, mais par les institutions de ce royaume, qui ne sont pas encore gâtées.

Éloge de « l'Allemagne » (qui, pour Machiavel, comprend aussi les cantons suisses). Mais les trois nations précitées (France, Espagne, Italie) sont, toutes ensemble, « la corruption du monde ».

Les gentilshommes (on appelle ainsi « ceux qui vivent des revenus de leurs possessions dans l'oisiveté et l'abondance, sans avoir aucun souci ou de cultiver ou d'aucune autre fatigue nécessaire pour vivre; et ceux qui, outre cette fortune, commandent à des châteaux et ont des sujets qui leur obéissent »); ces gentilshommes ne supportent l'égalité qu'au-dessous d'eux. De cette espèce, le royaume de Naples, le territoire de Rome, la Romagne et la Lombardie sont pleins. D'où vient que, dans ces provinces, il n'y a jamais eu aucune république, ni aucune « vie politique » (je traduis par cet à peu près l'expression : *vivere politico*); parce que de telles espèces d'hommes sont foncièrement hostiles à tout régime civil (traduction approximative du mot *civiltà*). *Vouloir introduire dans des provinces ainsi faites une république serait poursuivre l'impossible : mais, à vouloir les réorganiser, si quelqu'un en était maître, il faudrait y introduire un royaume.* La raison en est que, là où la matière est si corrompue que les lois ne suffisent pas à la refréner, il faut employer avec elles une plus grande force, laquelle est une main royale, qui, avec la puissance absolue et excessive, met un frein à l'excessive ambition et corruption des puissants. (Exemple de la Toscane, où, dans un petit espace, trois républiques ont longtemps vécu, Florence, Sienne, Lucques, et les autres villes ont fait ce qu'elles ont pu pour maintenir leur liberté, parce qu'il n'y avait dans cette province aucun « seigneur à châteaux » (terme spécifiquement florentin), ni aucun ou seulement très peu de gentilshommes.

Il ressort de là que *l'égalité, au moins devant la loi, et pour les emplois ou les fonctions, est le fondement des républiques. Que l'on constitue donc en république, le pays où il y a, ou bien où il est fait, une grande égalité, et, au contraire, qu'on établisse en principat celui où il y a une grande inégalité; autrement, on fera une chose sans proportion, et peu durable.*

(Chapitre LV.)

On peut passer sur les chapitres LVI et LVII, puisqu'il faut se borner, et que l'on ne prétend qu'à poser quelques jalons sur le bord d'un champ très riche. Mais le chapitre LVIII serait à retenir pour qui voudrait entreprendre un « manuel de politique positive ». Il est en particulier d'une extrême importance, en ce qui concerne la question de la préférence à donner soit à la forme républicaine, soit à la forme monarchique.

« La multitude, affirme Machiavel, est plus sage et plus constante qu'un prince. » Je ne sais, dit-il, si je me chargerais d'une province dure, et pleine d'une difficulté telle que je dusse ou l'abandonner avec honte ou m'y attacher avec peine; voulant défendre une position qui est attaquée par tous les écrivains. Mais, quoi qu'il en soit, je ne juge pas et je ne jugerai jamais que ce soit un défaut de défendre certaines opinions par des raisons, sans vouloir y employer l'autorité ou la force. (Attitude qui ne dérive ni du machiavélisme conventionnel, ni même du machiavélisme le plus ordinaire.) Je dis donc que ce défaut, dont les écrivains accusent la multitude, on peut en accuser tous les hommes en particulier, et surtout les princes; parce que chacun, s'il n'est pas réglé par les lois, commettra les mêmes erreurs que la multitude déchaînée... En France, par exemple, le royaume est modéré par les lois plus qu'aucun autre royaume dont on ait de nos jours connaissance, et toute la question est dans le pouvoir des lois... La différence n'est pas dans la forme du gouvernement, mais dans la force ou dans la faiblesse de la règle, car chez tout homme, prince ou peuple, la nature est la même.

Suit une analyse, poussée loin, des « qualités » et des défauts du peuple, où éclate cette définition, en fort raccourci, de la République : « Les cités où les peuples sont princes. » Le parallèle conclut en déclarant que, « si l'on examine tous les désordres des peuples, toutes les gloires des peuples, toutes celles des princes, on verra que le peuple, en bonté et en gloire, est de beaucoup supérieur. Et, si les princes sont supérieurs aux peuples pour édicter des lois, former des « vies civiles », établir des statuts et des ordres nouveaux, les peuples sont si supérieurs pour maintenir les choses ordonnées, qu'ils ajoutent à la gloire de ceux qui les ordonnent. »

Toute l'histoire nous autorise à répondre que c'est infiniment douteux, et, pour tout dire, que cette répartition des qualités et des défauts entre les princes et les peuples, cette comparaison, est un peu arbitraire. Si bien menée et adroitement balancée qu'elle soit, elle sent trop le développement littéraire, le pur exercice d'école, et l'on ne croirait pas que Machiavel ne fut qu'un demi-humaniste.

(Chapitre LVIII.)

Le parallèle est repris et suivi pour les affaires extérieures. Ici, le grand défaut que l'auteur reproche aux républiques est celui qui empêche de se décider, « *d'avoir les mouvements lents* ».

(Chapitre LIX.)

Le consulat et toute autre magistrature à Rome se donnaient sans égard à l'âge. Il y a des circonstances à envisager.

Pour élire un jeune homme à une fonction qui demande une prudence de vieillard, si c'est à la multitude de le désigner, il faut qu'il soit indiqué pour cet emploi par une action très noble. Et quand un jeune homme est d'une si grande *virtù* qu'il se soit fait connaître en quelque chose de remarquable, il serait dommage que la cité ne pût s'en servir dès lors et qu'il lui fallût attendre qu'eussent vieilli avec lui cette vigueur de l'âme, cette promptitude, qu'à cet âge sa patrie pouvait utiliser.

(Chapitre LX.)

Livre deuxième

Le préambule parle des déformations historiques que l'on peut commettre dans l'étude de l'antiquité, dont on ne sait pas tout, qui nous a peut-être caché certaines choses en sa défaveur, en a glorifié et amplifié certaines autres à son avantage; il fait une distinction fine et intéressante, en ce qui touche aux arts et ce qui appartient à la vie et aux mœurs; il loue les peuples qui ont vécu ou vivent *virtuosamente* (gardons-nous ici de traduire par : *vertueusement*), « comme étaient le royaume des Francs, l'empire des Turcs, celui du Soudan, et, aujourd'hui, les peuples de l'Allemagne, autrefois cette secte sarrasine qui a fait de si grandes choses et occupé une si grande partie du monde. On y sent le regret de la fonction et de l'utilité perdues. Le plan de l'ouvrage y apparaît. Ainsi le premier livre a traité plutôt de la politique intérieure de Rome ; le livre II appuiera de préférence sur sa politique extérieure.

Et naturellement ce second livre s'ouvre en mettant en balance dans la formation de l'empire romain les deux atouts, les deux gagnants du « jeu de ce monde », la *virtù* et la *fortuna*. Lequel a le plus fait pour la grandeur de Rome ? *La* fortuna *a fait beaucoup. Rome eut la chance de n'avoir pas à soutenir deux guerres à la fois.* (Référence au *Liber de Principatibus,* ou *Libro del Principe.*)

(Chapitre 1ᵉʳ.)

Dans le chapitre suivant : *Avec quels peuples les Romains eurent à combattre, et avec quelle obstination ceux-là défendirent leur liberté,* s'affirme un peu trop éloquemment un amour de la démocratie qui ne peut être que le privilège de peuples très jeunes, non encore désabusés par l'expérience, pour des raisons, en somme, d'une vérité contestable, et qui seraient aussi souvent *contre* que *pour.* Un petit morceau, en passant, sur l'adoucissement des mœurs par l'influence de la religion chrétienne. Comparaison entre les mœurs païennes et les mœurs chrétiennes. Réminiscence de la fameuse phrase de Tite-Live sur la *virtù* romaine, qui a fait le caractère romain : *Romanum est agere et pati fortia.* Machiavel pose encore, au passage, une sorte de règle ou de condition de la natalité : « *On voit de plus grands peuples là où les mariages sont plus libres* et les hommes plus désirables, parce que chacun procrée volontiers les enfants qu'il croit pouvoir nourrir, quand il ne redoute pas que son patrimoine lui soit enlevé, et s'il sait non seulement qu'ils naissent libres et non esclaves, mais que, par leur *virtù,* ils peuvent devenir princes. » Je crois bien qu'il perce, en cette dernière ligne, quelque contradiction avec les précédentes : ce n'est pas la seule ; malgré son admiration pour le gouvernement républicain, admiration manifestement littéraire, et contractée dans un échauffement de l'esprit, au contact de la Rome de Tite-Live, Machiavel se voit finalement obligé de convenir *« qu'un État sujet d'une république est dans la plus dure des servitudes »*; et il en donne deux motifs : l'un, que *cette servitude est plus durable*; l'autre, que *« la fin de la république est d'énerver et d'affaiblir, pour accroître son corps, tous les autres corps »*.

(Chapitre II.)

Rome devint une grande ville en ruinant les villes circonvoisines, et en recevant les étrangers facilement à ses honneurs.

Nécessité de la population, d'une abondance d'hommes. Deux moyens d'obtenir cette abondance : par amitié et par force.

(Chapitre III.)

Les républiques ont pratiqué trois manières de s'agrandir :

La première, qu'observèrent les anciens Toscans, est de former une ligue de plusieurs républiques ensemble, dans laquelle aucune ne l'emporte sur l'autre ni d'autorité ni de rang; et d'associer les autres à ce que l'une acquiert, comme font de notre temps les Suisses et comme faisaient jadis en Grèce les Achéens et les Étoliens;

La deuxième est de *se faire des associés,* non pas tant néanmoins qu'il ne te reste le rang du commandement, le siège de l'empire, et le titre des entreprises : ce fut celle des Romains;

La troisième est de *se faire immédiatement des*

sujets, et non des compagnons : ainsi firent les Spartiates et les Athéniens.

Le meilleur moyen, après celui qu'employèrent les Romains, est celui de *former des ligues*, adopté dans l'antiquité par les Étrusques, les Achéens, les Étoliens; chez les modernes par les Suisses.

Mais l'obstacle est la *repubblica disgiunta*, la « république disjointe » et ayant plusieurs sièges *(posta in varie sedi)*, qui empêche de se consulter et de délibérer.

Peu de goût pour les possessions qui relèvent de plusieurs maîtres (comme les bailliages communs ou terres sujettes de l'ancienne Confédération helvétique). Les Confédérations ont d'ailleurs leurs limites assez proches : douze ou quatorze communautés (les Treize Cantons suisses).

Distinction entre les « républiques armées » et les « désarmées ». Se faire des sujets par des ligues est une manière toujours faible; inutile même dans les républiques armées; plus qu'inutile, — *inutilissimo*, — dans les républiques désarmées comme sont à présent les républiques d'Italie.

(Chapitre iv.)

Si le monde existait de toute éternité, on se souviendrait de plus que de cinq mille ans. Des raisons qui font que l'on oublie, il y en a qui viennent du ciel, et d'autres qui tiennent aux hommes : parmi ces dernières, les sectes (les religions) et les langues. Le souvenir de la religion païenne a survécu surtout parce que la chrétienne a dû se servir de la même langue, la langue latine. Pour les causes qui viennent du

ciel, l'explication est un peu simple : le déluge
en est la principale : c'est d'abord qu'il fut universel, et ensuite qu'il n'y échappa guère que
des montagnards, gens grossiers !

(Chapitre v.)

L'intention de quiconque fait la guerre est
d'acquérir ou de maintenir ce qu'il a acquis, et
de procéder, en la faisant, de telle sorte qu'elle
l'enrichisse sans appauvrir le pays et sa patrie.
*Il faut donc, dans les deux cas, se garder de la dé-
pense et tout faire à l'avantage de son public.*

Il faut faire les guerres « courtes et grosses »,
comme les faisaient les Romains, et « comme
disent les Français », — *come dicono i Franciosi*.
(Ainsi, la chose aurait été romaine et l'expression serait française.)

Le système des colonies militaires gardes-frontières
y plaçait de véritables « troupes de couverture ». Les
consuls n'étant en principe créés que pour un an,
l'appât du « triomphe » les excitait aux « guerres
courtes » : il fallait que l'affaire fût réglée dans l'espace d'une demi-année. On prenait soin, au surplus,
que le butin fût assez considérable pour que, l'effet
étant tout proche, il ne pût pas être dit que la guerre
avait été faite aux frais du public.

(Chapitre vi.)

Deux espèces de guerres :
1° Les *guerres d'ambition*, pour l'accroissement de
l'empire. Elles sont dangereuses, mais ne chassent pas
du pays toute la population. Elles épargnent même,
pour beaucoup, les habitants, s'ils obéissent, et le plus

souvent les laissent vivre avec leurs lois, toujours dans leurs maisons et sur leurs biens (type : les guerres des Romains, d'Alexandre le Grand);

2° Les *migrations*, les *invasions,* qui détruisent tout et n'épargnent rien (type : les descentes des Gaulois en Italie).

Remarques sur le rôle historique de l'Allemagne et de la Hongrie.

(Chapitre viii.)

Quelles raisons font communément naître la guerre entre les puissants.

Des causes de guerre : le hasard, le devoir de protection.

De l'agression indirecte. « Cette façon de déchaîner la guerre a toujours été en usage chez les puissants, et qui ont de la foi, et quelque respect d'autrui. Car, *si je veux faire la guerre à un prince et qu'il y ait entre nous des conventions fermes, observées pendant longtemps, j'assaillirai avec une autre justification et sous un autre prétexte un de ses amis plutôt que lui-même;* surtout sachant que, si j'attaque son ami, ou bien il en aura ressentiment, et j'atteindrai mon intention de lui faire la guerre à lui-même; ou bien, s'il ne réagit pas, il découvrira sa faiblesse et son infidélité, en ne défendant pas un de ses protégés. »

Exemple récent : l'ultimatum de l'Autriche à la Serbie entraînant d'un côté la Russie, puis la France; de l'autre côté, l'Allemagne complice et peut-être instigatrice. C'est le modèle même de *l'agression indirecte,* de la guerre provoquée. — Par là, le sophisme de l'innocence allemande : « Je n'ai pas voulu cela, » dans la

guerre de 1914, est percé à jour, quatre siècles avant
d'avoir été formulé.

(Chapitre ix.)

*L'argent n'est pas le nerf de la guerre, selon la
commune opinion.*

On peut bien commencer une guerre, mais
non pas la finir à son gré. Il faut mesurer exactement ses forces, et agir en conséquence.

Pour Machiavel, la grande force, ce sont « les armes
à soi », les *armi proprie*. Le reste augmente, il est vrai,
la puissance, mais ne la donne pas. *Tout n'est rien,
sans les « armes fidèles ». Et il n'y a d'armes fidèles
que les armes à soi, « les propres armes ».*
Suit un développement admirable. On dit : l'argent.
Mais :
*L'argent non seulement ne te défend pas, mais il
excite à te voler,* pour le prendre. Il n'est du reste pas
vrai que l'argent soit « le nerf de la guerre ». Que l'on
prétende qu'il le soit, c'est la répétition d'un mot de
Quinte-Curce, à propos du Macédonien Antipater et du
roi de Sparte. La guerre, à la vérité, naît souvent
d'une coïncidence fâcheuse avec le manque d'argent.
Si l'argent suffisait à vaincre, la face de la terre eût été
changée : Darius eût vaincu Alexandre, les Grecs auraient vaincu les Romains, le duc Charles le Téméraire
vaincu les Suisses, le Pape et les Florentins vaincu
Francesco-Maria d'Urbin.
Solon avait raison de dire à Crésus : « La guerre se
fait avec le fer, non avec l'or. » *Le nerf de la guerre
n'est pas l'or. C'est, premièrement, de bons soldats. L'or
ne suffit pas à trouver de bons soldats, tandis que de
bons soldats suffisent à trouver de l'or.*
(Il y aurait lieu d'examiner jusqu'à quel point c'est
exact, et de déterminer la position moderne de la question, en ajoutant à *l'argent « le crédit ».*)
Sans doute, l'argent est nécessaire en second lieu.

Mais *les trois choses, en premier lieu, vraiment néces-saires, et irremplaçables à la guerre, sont,* Machiavel le déclare après Tite-Live :

1° *De nombreux et bons soldats ;*
2° *Des capitaines prudents ;*
3° *De la chance.*

la virtù

la fortuna.

(Chapitre x.)

Ce n'est pas un parti prudent de faire amitié avec un prince qui a plus de présomption [opinione] *que de force.*

Les alliances, si elles sont faites avec un prince qui n'a pas ou la commodité de te venir en aide par la distance de la position, ou la force de le faire à cause de son désordre ou pour une autre raison, apportent plus de réputation que d'aide à ceux qui se fient en elles.

Du nombre de ces alliances trompeuses ou décevantes était celle des Florentins avec le roi de France (à cause de la distance, qui comptait en ce temps-là). Du nombre serait celle d'un prince avec l'empereur Maximilien (à cause du désordre germanique et de la faiblesse de l'Empire. (Ajoutons que du nombre auraient été pour nous l'alliance avec la Grande-Bretagne et l'alliance avec les États-Unis qui n'ont été en 1919 que des promesses désavouées.)

(Chapitre xi.)

Est-il mieux, quand on craint d'être attaqué, de porter ou d'attendre la guerre ?

[Il semble que Machiavel pense moins à la « déclaration » proprement dite de la guerre qu'à l'initiative des opérations militaires.]

Tout dépend des circonstances, en premier lieu géographiques. Pour l'Espagne, il n'y a pas de doute, elle doit attendre chez elle.

Mais, théoriquement, il y a des raisons des deux côtés :

Pour l'attaque : l'assaillant a plus d'entrain ; il enlève à l'ennemi une partie de ses ressources, en saccageant les régions envahies ; il oblige le seigneur à lever de plus lourds impôts et à fatiguer ainsi ses sujets ; par là, il dessèche la source de la résistance ; ses soldats, étant chez son adversaire, sont plus certainement forcés de combattre.

Pour la défense : attendre est préférable, car on a l'avantage du ravitaillement ; on connaît mieux le pays ; on a ses forces dans la main ; on a des facilités de retraite.

En résumé ; *chez soi, on peut employer toutes ses forces, et ne pas risquer toute sa fortune ; au dehors, on risque toute sa fortune, sans pouvoir employer toutes ses forces.*

Tout dépend aussi — Machiavel le déclare — de l'état militaire du pays. Ou bien l'on arme (comme les Romains ou les Suisses). Ou bien l'on désarme (comme les Carthaginois, « les rois de France », et les Italiens). Dans ce second cas, le seul secours est dans l'argent, mais l'invasion l'arrête ou le détourne, ou empêche de s'en servir.

Quelle doit être l'importance des armements ? Elle varie selon l'ennemi et l'objet. (Les Romains, pour attaquer une province, n'auraient jamais envoyé plus de 50 000 hommes. Mais, pour défendre leur foyer contre les Gaulois, après la première guerre punique, ils en armèrent 1 800 000.)

Au total, bien qu'il convienne qu'il faille d'abord tenir compte des circonstances, Machiavel conclut que *le prince dont les peuples sont armés et organisés pour la guerre doit attendre l'ennemi chez lui. Au contraire, celui dont les sujets sont désarmés et dont le pays n'est pas bien muni militairement doit la porter le plus loin possible de ses frontières.*

(Mais avec quoi? Il y aurait bien des réflexions à faire là-dessus, et spécialement par rapport aux armées modernes, à la difficulté d'assurer leurs communications, leurs approvisionnements, leur ravitaillement.)

(Chapitre xii.)

Les hommes de petite condition ne parviennent jamais, ou ne parviennent que rarement, à une position élevée sans la force et sans « la fraude » (disons : la ruse). La force seule ne suffit pas, mais la ruse seule peut suffire. Il y a, pour le faire, comme une nécessité de tromper, à laquelle sont également soumis les princes et les républiques. (Exemples de Cyrus, de Jean-Galéas Visconti, de Rome.) Rome n'a pas été sans recourir à ce moyen, quand elle avait déjà tous les autres. Il était une de ses manières de se faire, de ses alliés ou associés, des sujets. Y recourir est donc une sorte d'obligation, et la ruse est d'autant moins blâmable qu'elle est plus couverte.

(Chapitre xiii.)

Les hommes se trompent souvent en croyant, par l'humilité, vaincre la superbe.

(Nous nous trouvons ici en face d'un auteur qui commente ses lectures à l'aide de ses observations.)

L'humilité non seulement ne sert pas, mais nuit, surtout lorsqu'on en use envers des insolents qui, par envie ou autre cause, ont conçu de la haine contre toi.

Jamais un prince ne doit manquer à son rang, ni lâcher rien par accord, s'il veut le céder honorablement, sinon quand on croit qu'il pourrait le retenir; parce qu'il est presque toujours mieux, lorsque la chose est réduite à ce terme que tu ne peux la céder comme on vient de le dire, de te la laisser enlever par la force que par la peur de la force.

Car, *si tu la cèdes par la peur, tu le fais pour t'épargner la guerre, et le plus souvent tu ne l'évites pas.* Une exigence en entraîne d'autres. Moins on t'estimera, plus on s'armera contre toi. Plus tu paraîtras faible ou vil, moins tu trouveras de défenseurs. *Si,* au contraire, *dès que tu connaîtras la volonté de l'adversaire, tu prépares ta défense, on aura plus envie de t'aider étant sous les armes, tandis que, t'abandonnant, on ne t'aiderait jamais.*

Cela s'entend du cas où tu n'as qu'un ennemi. Mais, si tu en as plusieurs, il sera toujours prudent de faire quelques concessions à l'un d'entre eux, même la guerre déjà déclarée, pour les détacher et les diviser.

(Chapitre xiv.)

Les États faibles sont toujours incertains à se résoudre, et toujours les délibérations lentes sont nuisibles.

Il faut en venir au point précis et décisif, et ne pas rester dans l'incertitude. Le mot du préteur Annius : « Pensons à ce que nous avons à faire, plus qu'à ce qu'il nous faut dire. Il sera facile, quand les résolutions seront arrêtées, d'accommoder les paroles aux choses. » Machiavel appuie cette leçon de son expérience des affaires de la République florentine. Il arrivera toujours que, dans les partis douteux, et où il faut du courage à délibérer, il y aura cette ambiguïté, lorsque des questions douteuses devront être résolues par des hommes faibles. Et il en est des délibérations lentes et tardives comme des ambiguës; surtout lorsqu'il s'agit de secourir un ami, on ne l'aide pas efficacement, et l'on se nuit à soi-même, que cette lenteur vienne de la faiblesse ou de la malignité.

«*Mieux vaut une décision dangereuse que pas de décision.* » La leçon est surtout pour les républiques.

(Chapitre xv.)

Les conquêtes des républiques qui ne sont pas bien ordonnées, et qui ne procèdent pas selon la « virtù » romaine, *vont à leur ruine et non à leur exaltation.*

Moyens de faire grande une république et de conquérir l'empire : accroître le nombre d'habitants de la cité; se faire des compagnons et non des sujets; envoyer des colonies pour garder les pays conquis; faire masse de ses prises; mater l'ennemi par des « *raids* » et des batailles, non par des sièges; tenir riche le public (le Trésor), pauvres les particuliers; maintenir avec le plus grand soin les exercices militaires.

Tout autre moyen d'acquérir est la ruine des républiques. Alors, il faut refréner toute ambition : en réglant bien la cité au dedans par ses lois et par ses mœurs; en l'empêchant d'acquérir et en pensant seulement à la défendre; en tenant ses défenses en bon ordre (comme font les républiques d'Allemagne (de Suissse?) qui ainsi vivent et ont vécu libres un certain temps).

Ce sont choses différentes de s'organiser pour acquérir et de s'organiser pour conserver.

Il est impossible qu'une république réussisse à rester en paix et à jouir de la liberté dans ses étroites frontières. Si elle ne moleste pas autrui, c'est elle qui sera molestée; et de là naîtront pour elle la nécessité et la volonté d'acquérir. Si elle n'avait pas d'ennemis au dehors, elle en trouverait à l'intérieur, comme il semble qu'il arrive nécessairement à toutes les grandes cités.

Les républiques d'Allemagne peuvent s'accommoder d'un régime qui tient à des conditions particulières, que l'on ne rencontre pas ailleurs... Quand s'affaiblit dans les provinces soumises l'empire romain, les plus puissantes de leurs cités commencèrent à s'affranchir, selon la lâcheté ou les besoins des empereurs, en se rachetant de l'empire sous réserve d'un certain cens annuel, si bien que toutes les villes qui relevaient de l'empire se sont rachetées de la sorte. Alors, il n'y eut plus qu'un « simulacre d'empereur » — *quel segno dell' imperadore*.

(Chapitre xix.)

Quel péril encourt ce prince ou cette république qui se sert de la milice auxiliaire ou mercenaire (1).

De toutes les espèces de soldats, les auxiliaires sont les plus pernicieux. Un prince ou une république doit prendre tout autre parti plutôt que d'engager pour la défense de son État des auxiliaires. En revanche, belle occasion pour le prince ou la république ambitieux, que d'être, à ce titre, appelé à l'aide.

(Chapitre xx.)

Formes de la confédération compliquée (ancienne Confédération hélvétique, comprenant, avec les États — *Cantons* — des États alliés extérieurs, ou associés, et des terres sujettes). Usage de « l'occupation invisible ». Avantage de garder dans le pays nouvellement acquis un gouverneur « du pays même ».

____

(1) Voyez *les Sept livres de l'Art de la Guerre.*

« Si les Florentins avaient domestiqué (apprivoisé) leurs voisins, au lieu de les « ensauvager » (*inselvatichiti*), ils seraient maîtres de la Toscane.

« *Ce n'est pas que je pense qu'il n'y ait pas lieu d'employer les armes et la force; mais on doit les tenir en réserve pour la fin, où et quand les autres moyens ne suffisent pas.* »

(Chapitre XXI.)

De tous les États malheureux, le plus malheureux est celui d'un prince ou d'une république qui en sont réduits au point de ne pouvoir ni recevoir la paix ni soutenir la guerre.

A quoi sont contraints ceux que les conditions de la paix ont trop offensés, et qui, d'autre part, s'ils veulent faire la guerre, sont obligés ou de se jeter en proie à ceux qui les secourent ou de demeurer la proie de l'ennemi.

Dans les affaires d'État, fuir les moyens termes, et aller sans ménagement aux extrêmes. Ou mettre hors d'état de nuire, ou attacher par des bienfaits.

(Chapitre XXIII.)

Les forteresses sont généralement beaucoup plus dommageables qu'utiles.

Proverbe florentin, auquel Machiavel lui-même a donné quelque part sa forme complète, « qu'il faut tenir Pise par les forteresses et Pistoie par les partis. »

(Les forteresses paraissent n'être considérées dans ce chapitre que « pour l'usage interne », en quelque sorte : tournées à l'intérieur, contre les sujets ou les citoyens; et c'est en effet ce qu'étaient souvent les *rocche*) (1).

Vers la fin, quelques lignes sur l'utilité des forteresses contre l'ennemi du dehors. Sans elles, la lacune eût été, en effet, trop grande, dans un morceau remarquable de pénétration et de justesse.

(Chapitre XXIV.)

Aux princes et aux républiques sages, il doit suffire de vaincre, parce que, le plus souvent, quand on ne s'en contente pas, on se perd.

Ne point user envers l'ennemi de paroles peu honorables. Cet excès vient le plus souvent ou [de l'orgueil] de la victoire ou de la fausse espérance de la victoire, laquelle fausse espérance est cause d'erreurs non seulement de langage, mais de conduite. Elle nous fait dépasser le but, et quitter un bien certain pour un mieux incertain.

Aphorisme qui semble d'abord assez peu machiavélique, peu conforme à la tendance générale de l'esprit de Machiavel dont la plus éminente qualité, quoiqu'il n'en soit pas dépourvu, n'est pas en général la modération. Mais il y a, dans les *Discours*, et par le genre même, à faire la part de « la littérature ». L'écrivain se pique de « philosopher » ou de « moraliser » sur des exemples, antiques ou modernes, mais surtout antiques. On dirait qu'il sent la contradiction et qu'il s'en excuse presque en alléguant que de tels exemples sont plus significatifs que des raisonnements.

Puis, le thème change un peu et s'élargit. C'est, en effet, celui que l'on attendait. Il ne s'agit plus de « l'espérance de la victoire », mais bien de « l'ambi-

(1) Cf. Pier Desiderio PASOLINI, *Caterina Sforza*.

tion d'une *plus grande* victoire ». Notons la comparaison entre Tyr et Venise, « deux cités dans l'eau », et plus loin, la même image développée : — *La terre* (le pays, l'emplacement et les alentours de la ville) *était dans l'eau.* — L'exemple que donne Machiavel de cette sorte d'erreur qui consiste à vouloir forcer la victoire est double. Antique, celui d'Alexandre, qui ne sait pas s'arrêter et des Tyriens qui, de leur côté, en veulent et en font trop. Moderne, celui de Florence, de l'armée espagnole et des Médicis en 1512, dont l'entêtement causa la perte de Prato.

« Les princes qui sont assaillis ne peuvent commettre une plus grande erreur, quand l'attaque est menée par des hommes beaucoup plus puissants qu'eux, que de refuser tout accord, surtout s'il leur est offert; car il ne sera jamais offert si bas qu'il ne contienne en quelque mesure le bien-être de celui qui l'accepte, et ce sera une partie de sa victoire. »

Le peuple florentin, dans l'exemple choisi, eût dû se contenter de ce que les Espagnols proposaient, puisque, de toutes choses, il en obtenait une, et la principale, la conservation de son État; autrement dit, qu'il avait la vie sauve. Même pour une plus grande victoire, et presque certaine, il ne devait pour aucune part remettre cet avantage à la discrétion de la fortune, et « courir sa dernière poste », ce que personne de prudent ne risquera jamais s'il n'y est pas obligé.

Annibal fit mieux, qui, jugeant sainement la situation et préférant la paix à la guerre, ne se décida à combattre que parce qu'on la lui refusait.

« Mais *les hommes commettent* [ordinairement] *cette erreur : comme ils ne savent pas poser de termes à leurs espérances, et qu'ils se fondent sur elles sans se prendre mesure autrement, ils se ruinent.* »

(J'insiste sur ce qu'il y a de peu machiavélique, et presque d'anti-machiavélique dans ce chapitre. Supposons-en l'application dans la dernière guerre. Si nous n'avions pas eu « l'espérance de la victoire », nous aurions dû accepter au moins les propositions de « paix blanche, » dès les premiers déboires de l'Allemagne. Mais comment et à quel moment, d'ailleurs, peut-on voir que « l'espérance » est fausse? Combien de fois, de 1914 à 1918, n'aurions-nous pas pu croire qu'elle l'était?)

(Chapitre XXVII.)

Combien il est périlleux à un prince ou à une république de ne pas venger une injure faite contre le public ou contre les particuliers.

« Ce que font faire aux hommes *gli sdegni* (mais par quoi traduire *sdegni* : les dédains? les défis? les indignités?)... Exemple des Gaulois et des trois Fabius, qui, envoyés vers eux comme ambassadeurs, avaient combattu avec les Toscans contre eux. Non seulement le Sénat romain refusa la remise des coupables, mais il alla jusqu'à les combler d'honneurs, quoiqu'ils eussent évidemment outragé le *jus gentium*. Or une république ou un prince doivent s'abstenir avec soin d'une telle injure, soit contre un État, soit contre un particulier. République, en effet, elle peut entraîner sa ruine; prince, elle ne s'apaise envers lui que par la vengeance. Même si celui qui veut se venger ne peut le faire sans péril. (Exemple de Pausanias le Macédonien, meurtrier de Philippe.)

D'où la maxime :

On ne doit jamais estimer assez peu un homme, que l'on croie, ajoutant injure sur injure, que celui qui est injurié ne pensera pas à se venger, quelque péril ou dommage personnel qu'il encoure.

(Chapitre XXVIII.)

(Chapitre de la « Fortune ».)

La fortune aveugle les esprits des hommes, quand elle ne veut pas qu'ils s'opposent à ses desseins.

Ainsi « la Fortune » est un personnage qui raisonne, pense et délibère. Elle veut, et elle ne veut pas. Mais elle se confond, du reste, avec « le Ciel », avec « les Cieux ». Ce sont les Cieux qui « ne veulent pas » que les hommes parent à certains accidents. Il n'est pas étonnant que de pareilles choses arrivent un peu partout, quand elles sont arrivées dans Rome, cité qui brillait par tant de *virtù,* de religion et d'ordre.

Ce que fait la Fortune, d'après Machiavel, qui suit Tite-Live. Les hommes qui vivent habituellement dans la grande adversité ou dans la grande prospérité méritent moins d'éloge et moins de blâme [que ceux qui se disputent avec le sort]. Car, le plus souvent, on les verra conduits à la ruine ou à la grandeur par une rare commodité que ne leur ont pas faite (ou leur ont faite) les Cieux, en leur fournissant l'occasion (ou en les empêchant) d'opérer *virtùosamente.* Ce que la Fortune fait de bien, c'est qu'elle choisit un homme, lorsqu'elle veut mener de grandes choses, d'assez d'esprit et d'assez de *virtù* pour qu'il connaisse les occasions qu'elle lui offre. Pareillement, quand elle médite de grandes ruines, elle y prépose des hommes qui y aident. Et s'il y a quelqu'un qui puisse s'y opposer, ou elle le fait périr, ou elle le met hors d'état de pouvoir faire rien de bien.

Ainsi, la Fortune a ses desseins, comme la Providence, dont elle n'est que le nom païen. Elle veut éprouver Rome, mais pour la fortifier et non pour la ruiner. C'est elle qui fait exiler, mais non mourir Camille, prendre Rome, mais non le Capitole, etc...

Et l'on est conduit encore à se demander : Est-ce vraiment là « de la pensée » machiavélique, ou ne serait-ce pas, au fond, une dissertation littéraire, un exercice oratoire? (Car il faut se souvenir que beaucoup de ces chapitres ont été lus ou « parlés » dans les entretiens des jardins Rucellai.) On dirait que Machiavel sent bien qu'on se le demandera, et qu'il va en quelque sorte au-devant du doute qu'on en pourra concevoir. « Il y aurait lieu, ajoute-t-il, de produire quelque exemple moderne, mais ce n'est pas nécessaire, et celui-ci suffit. » Il affirme de nouveau, comme « très vrai selon ce qu'on voit dans toute les histoires », que les hommes peuvent seconder la Fortune, et non s'y opposer, tisser ses trames, mais non les rompre. Ils ne doivent pourtant jamais s'abandonner, parce qu'ils ne savent pas leur fin, et que, la Fortune allant par des voies de traverse et inconnues, ils peuvent toujours espérer.

Il est permis de ne pas trouver cette consolation suffisante, et de pencher, en étudiant ce passage, à le prendre pour pur « essai » académique.

(Chapitre XXIX.)

Les républiques et les princes vraiment puissants n'achètent pas les amitiés à prix d'argent, mais par leur virtù *et par la réputation de leurs forces.*

Voici maintenant le chapitre de *la virtù.* Mais on y voit paraître encore *la fortuna* qui, dans le diptyque (et aujourd'hui même), au fond de l'esprit italien, lui fait pendant.

Les Romains ont toujours tout fait non par le pouvoir de l'argent, mais par la « vertu » des armes, ce qui, je crois (dit Machiavel), n'est jamais arrivé à aucune autre République. Parmi les signes auxquels se reconnaît la puissance d'un État, il faut observer comment il vit avec ses voisins. S'ils sont ses « pensionnaires », c'est qu'il est fort ; mais, s'ils tirent de lui de l'argent, c'est une grande marque de faiblesse.

Exemple de faiblesse : Florence et les petits seigneurs — les *signorotti* — de Romagne. Si elle eût été « armée et gaillarde », c'aurait été tout autre chose. On l'aurait payée pour avoir sa protection, et, au lieu de lui vendre l'amitié de Pérouse ou de Castello, on lui eût acheté la sienne.

Mais ce n'est pas seulement les Florentins qui ont vécu dans cette lâcheté *(viltà)*, ce sont les Vénitiens, c'est le roi de France, qui, à la tête d'un tel royaume, vit tributaire des Suisses et du roi d'Angleterre. Ce qui vient de ce qu'il a désarmé ses peuples, et qu'ils ont, lui et les autres, préféré jouir d'un présent utile en rançonnant leurs sujets et fuir un péril plus imaginaire que réel, plutôt que de faire des choses qui leur eussent donné la sécurité et rendu leurs États à jamais heureux. Un pareil désordre, s'il procure du repos pour un certain temps, est à la longue cause de nécessités, de dommages et de ruines irrémédiables. Florentins, Vénitiens et Français se sont de la sorte rachetés des dangers de la guerre et maintes fois soumis à une ignominie, à laquelle les Romains furent une seule fois sur le point de se soumettre.

Les choses qui s'acquièrent avec l'or ne se défendent pas avec le fer. (Est-ce autre chose qu'une médaille bien frappée ?)

Les Romains furent ainsi tant qu'ils vécurent libres, non plus sous les empereurs. Magnifique expression : « quand les empereurs commencèrent à être mauvais et à aimer l'ombre plus que le soleil... » Ils se rachetèrent tantôt des Parthes, tantôt des Germains, et ce fut le commencement de leur ruine...

Tous ces périls provenaient de ce que ces États avaient désarmé leurs peuples. Qui se conduit de la sorte s'y prend mal avec ses sujets pour avoir en eux des hommes disposés à tenir l'ennemi éloigné de ses frontières. Il lui faut pour cela donner provision aux seigneurs et aux peuples qui sont ses voisins. D'où il suit que des États de cette qualité font bien un peu de résistance sur leur frontières, mais, dès que l'ennemi les a passées, ils n'ont plus de remède aucun. Et ils ne s'aperçoivent pas que cette façon de procéder est contraire à toute bonne organisation. C'est le cœur et les parties vitales du corps qu'il faut tenir armées, et non ses extrémités, parce qu'on vit sans celles-ci, et que le cœur, quand il est atteint, on en meurt; mais ces États tiennent le cœur désarmé, armés les mains et les pieds.

Revient le triple exemple : Florence, Venise, la France. Sa frontière franchie, Florence est sans secours et sans recours. Ce qui sauve Venise, c'est d'être entourée des eaux, comme de langes, d'en être comme « emmaillotée », — *fasciata*. — La France s'en tire plus souvent, parce que c'est un si grand royaume qu'il a peu d'ennemis qui lui soient supérieurs en forces. Néanmoins, lorsque les Anglais l'assaillirent en 1513, toute la province trembla : le Roi lui-même, et, avec lui, tout le monde pensait qu'une seule défaite pouvait lui faire perdre l'État.

Le contraire se produisait pour Rome. Plus l'ennemi en approchait, plus il la trouvait prête à résister. Échec final d'Annibal, dû à ce que le cœur était bien armé et qu'on avait tenu peu de compte des extrémités. Car les fondements de l'État étaient le peuple de Rome, le nom latin, les associés en Italie, et leurs colonies : d'où ils tiraient assez de soldats pour combattre avec persévérance et tenir le monde. A l'appui, le mot de Hannon. Comme on vantait en sa présence les exploits d'Annibal : « Quelqu'un, dit-il, est-il venu demander la paix? Quelque terre ou colonie s'est-elle révoltée contre Rome? Non? Eh bien! la guerre est entière comme devant. »

Par tout quoi s'accuse la différence entre les républiques antiques et les modernes. Néanmoins, on voit encore chaque jour des pertes miraculeuses et de miraculeuses conquêtes. « C'est que, lorsque les hommes ont peu de *virtù*, la *fortuna* dévoile assez sa puissance, et, comme elle est variable, la république aussi et les États varient souvent avec elle; et ils varieront toujours, jusqu'à ce que surgisse quelqu'un qui soit si amateur de l'antiquité qu'il la discipline de telle sorte qu'elle n'ait plus de raison de montrer à chaque tour de soleil tout ce qu'elle peut. »

Ainsi, la *fortuna* se limite, se fixe et s'enchaîne par la *virtù*; les deux panneaux du diptyque se contrarient, et l'une ne vaut qu'au défaut de l'autre. Mais la *virtù* agit par conseil, c'est une force qu'on porte en soi. La *fortuna*, c'est le hasard; avec elle, tout dépend d'on ne sait quoi que l'on ne mesure ni ne dirige.

(Chapitre xxx.)

Combien il est dangereux de s'en rapporter aux bannis.

Ainsi que j'en ai déjà averti, il est clair que le lien entre les divers chapitres n'est ni très serré, ni très apparent, et que la composition du livre est assez lâche, ce qui suffirait à l'empêcher de former un corps de doctrine.

Exemple d'Alexandre d'Epire, beau-frère et oncle d'Alexandre le Grand, qui passa en Italie, appelé par les bannis de Lucanie, sur la promesse que, par eux, il pourrait s'emparer de toute la province. Dans cette histoire, Alexandre d'Epire fait plus que de croire à des proscrits; il se remet entre leurs mains.

On doit considérer pourtant combien sont vaines et la foi et les promesses de ceux qui sont privés de leur patrie. Quant à la foi, il faut estimer que, chaque fois qu'ils pourront, par d'autres moyens que les tiens, rentrer dans leur pays, ils te laisseront et s'approcheront des autres, nonobstant toute promesse qu'ils t'auraient faite. Et quant à la vaine promesse et espérance, telle est en eux l'extrême volonté de retourner dans leurs foyers qu'ils croient naturellement beaucoup de choses qui sont fausses, et qu'ils en ajoutent beaucoup d'autres artificieusement, si bien qu'entre ce qu'ils croient et ce qu'ils disent croire, ils te remplissent d'espérance (*Arte*, c'est la feinte, presque le mensonge) ; et de telle manière que, te fondant là-dessus, tu fais une dépense inutile, et tu fais une entreprise où tu te ruines.

Machiavel ajoute un autre exemple, de Thémistocle se réfugiant en Asie auprès de Darius, et le berçant de tant et tant de promesses qu'il le décide à envahir la Grèce, puis voyant qu'il ne peut les tenir, et se suicidant de honte ou de peur du châtiment. Exemple si singulier qu'on se demande comment (sauf pour son expiation par la mort volontaire) on ose encore qualifier Thémistocle d'*uomo eccellentissimo*.

Un prince doit donc aller doucement à se lancer dans des entreprises sur le rapport d'un banni, car le plus souvent il en sera pour sa courte honte ou pour son très grand dommage.

Cependant il arrive de rares fois que l'on occupe des territoires par larcin, ou par des intelligences que l'on y prenne. (La collusion avec des proscrits peut alors n'être pas à repousser absolument.)

(Chapitre xxxi.)

Comment les Romains donnaient aux capitaines de leurs armées des commissions libres.

Toujours l'absence de composition. Mais c'est un des chapitres que j'ai relus et cités pendant la guerre. J'en reproduis seulement la fin. Machiavel rappelle que le

Sénat romain, après une première victoire, remportée par Fabius, lui avait envoyé deux ambassadeurs pour le détourner de passer en Toscane, mais qu'ils arrivèrent après qu'il était entré, qu'il avait encore vaincu, et qu'alors, au lieu de se présenter en « empêcheurs de la guerre », ils se firent « les ambassadeurs de la conquête et de sa gloire ». Et il explique :

Quiconque considère bien ce terme, le verra très sagement employé; parce que, si le Sénat eût voulu qu'un Consul procédât dans la guerre de point en point selon ce qu'il lui prescrivait, il l'eût rendu moins circonspect et plus lent; car il ne lui aurait pas paru que la gloire de la victoire fût toute sienne, mais que le Sénat y participait, par le conseil duquel il se fût gouverné. En outre, le Sénat s'obligeait à vouloir donner des conseils sur une chose à quoi il ne pouvait s'entendre; parce que, nonobstant que les sénateurs fussent tous des hommes très exercés dans la guerre, néanmoins, n'étant pas sur les lieux et ne connaissant pas une infinité de détails qu'il est nécessaire de savoir pour bien conseiller, ils auraient, en conseillant, commis d'infinies erreurs. C'est pourquoi ils voulaient que le Consul agît par lui-même et que fût à lui toute la gloire, dont ils jugeaient que l'amour lui serait un frein et une règle à le faire opérer bien. J'ai noté plus volontiers ce point, parce que je vois que les républiques des temps présents, comme la Vénitienne et la Florentine, l'entendent autrement; et si leurs capitaines, provéditeurs ou commissaires ont à planter une artillerie, ils le veulent entendre, et conseiller.

Cette façon mérite cette louange que méritent les autres, qui toutes ensemble les ont couduites à la condition où à présent elles se trouvent.

(Chapitre XXXIII.)

Livre troisième

Si l'on veut qu'une secte (une religion) *ou une république dure longuement, il est nécessaire de la ramener souvent vers son principe.*

Vérité qui n'a pas vieilli. C'est la même que John Stuart Mill a exprimée d'une autre manière, en faisant remarquer que toute démocratie est attirée en bas comme par son propre poids et qu'elle a donc besoin d'être relevée périodiquement.

La première qualité des institutions est qu'elles permettent facilement ces rappels aux principes. Sinon, il n'y a plus que « l'accident », lequel peut bien être parfois un remède, mais est toujours chanceux.

A Florence, de 1434 à 1494, il était passé en maxime que l'État devait être « repris » tous les cinq ans. Si on le reprenait au moins tous les dix ans, les cités ne seraient jamais corrompues.

La même règle est applicable aux religions. Exemples, les réformes de saint François et de saint Dominique, qui ont été cause que « la déshonnêteté des prélats et des chefs de la religion ne l'ont pas ruinée, et qui ont enseigné aux peuples qu'il *est mal de dire du mal du mal*, qu'il faut garder l'obéissance, et que, si des fautes sont commises, il faut en laisser à Dieu le châtiment ».
— Exemple politique, le royaume de France, « qui vit sous les lois et sous les institutions plus qu'aucun autre royaume. Ces lois et ces institutions, les parlements en sont les mainteneurs, et surtout le Parlement de Paris. » (On est encore loin des dix-septième et dix-huitième

siècles, où cette illustre assemblée maintiendra peut-être trop les formes, et, en fait, affaiblira la royauté.)

(Chapitre 1er.)

Comment c'est une chose très sage de simuler en son temps la folie.

Bel éloge d'un temps et d'un État, que Brutus ait été obligé de simuler la folie pour pouvoir y vivre en sûreté et conserver son patrimoine!

Mais on peut croire encore qu'il le fit « pour être moins surveillé, et pour avoir plus de commodité de combattre les rois et de libérer sa patrie ».

(Chapitre 11.)

Comment il est nécessaire, si l'on veut maintenir une liberté nouvellement acquise, de tuer les fils de Brutus.

Exemple de Piero Soderini, « qui croyait, par sa patience et sa bonté, surmonter cet appétit qu'avaient les fils de Brutus de retourner sous un autre gouvernement, et qui se trompa. »

(Chapitre 111.)

Un prince (nouveau) ne vit pas en sûreté dans un principat tant que vivent ceux qui en ont été dépouillés.

Jamais les bienfaits nouveaux ne font oublier les anciennes injures.

(Chapitre 1v.)

Ce qui fait perdre son État à un roi héréditaire.

Il convient d'observer les mœurs et les manières des anciens rois. *Les rois commencent à perdre l'État à l'heure même où ils corrompent les lois, les mœurs et les coutumes qui sont anciennes et sous lesquelles les hommes ont longtemps vécu.* Et si, une fois privés de la couronne, ils étaient assez sages pour connaître avec quelle facilité les principautés sont conservées par ceux qui se conduisent prudemment, ils s'affligeraient bien plus encore de cette perte et se condamneraient à une peine plus grande que celles dont d'autres les ont frappés. Car *il est beaucoup plus facile d'être aimé des bons que des mauvais et d'obéir aux lois que de vouloir leur commander.*

Il n'est que de prendre modèle sur les bons princes. Les hommes, quand ils sont bien gouvernés, ne cherchent ni ne veulent autre chose.

(Chapitre v.)

Et nous voici amenés au célèbre chapitre : *Des Conjurations*, qui remplit, dans l'édition Le Monnier, vingt pages de menu texte, et en lui-même, à lui seul, pourrait former un petit traité. Machiavel, impliqué à tort, *post res perditas*, dans une conspiration, et interrogé un peu brutalement, n'aime pas les conjurations, et nous allons recevoir de lui des conseils qu'on eût attendus différents. C'est un des points saillants de son œuvre. Il faut nous y attacher. Le morceau est, pour dire le mot exact, classique, et, entre tous ceux qu'il a écrits, l'un des plus dignes de l'immortalité. Je voudrais, en l'abrégeant le plus possible, ne pas trop le défigurer, mais en respecter du moins la construction et l'accent. La charpente en est forte, et les jointures parfaites. Tout s'articule et joue d'un bout à l'autre. Il n'y a nulle part une place où passer la lame pour couper.

Beaucoup plus de princes, dit Machiavel, perdent la

vie et l'État par des conjurations que par guerre ouverte. En effet, *il n'est donné qu'à peu de personnes de pouvoir faire la guerre contre un prince, tandis qu'il est à la portée de tous de pouvoir conspirer contre lui.*

Il faut donc distinguer entre les *privati* et les *principi*. Les uns fournissent les conjurés : c'est contre les autres que l'on conspire. *C'est une entreprise très difficile. Très peu de conjurations réussissent.*

L'intention de ce chapitre apparaît, d'un double point de vue : *apprendre aux uns à se garder; aux autres, à se contenter du régime sous lequel le sort les a appelés à vivre. Honorer le passé et obéir au présent, désirer de bons princes et les tolérer comme ils sont. Autrement, on se ruine soi-même, et on ruine la patrie.*

Les conjurations se font : 1° contre la patrie; 2° contre le prince. (Contre la patrie, livrer une forteresse à l'ennemi. — Voir plus haut.)

Contre le prince, bien des raisons de vouloir conspirer; la principale est « la haine publique ». Parmi ceux qui le haïssent, il s'en trouve naturellement à qui il a fait particulière offense et qui désirent se venger. Analyse des mouvements de ce sentiment de plus en plus passionné, qu'excite « la mauvaise disposition universelle ». Les simples injures privées, laissées à elles seules, sont moins dangereuses, parce que le milieu est moins favorable.

Ces injures peuvent avoir été faites « ou dans les biens, ou dans le sang, ou dans l'honneur ».

Pour celles *du sang*, la menace en est plus périlleuse que l'exécution, car :

Les morts ne pensent pas à la vengeance, et les vivants, le plus souvent, en laissent le soin aux morts.

Au contraire, celui qui se sent menacé, et qui se voit dans l'obligation de faire ou de subir, devient très dangereux pour le prince.

Hors cette extrême nécessité, « les biens » et « l'honneur » sont les plus grands sujets d'offense, et ceux dont le prince doit s'abstenir le plus sévèrement, parce que :

L'on ne peut assez dépouiller quelqu'un, qu'il ne lui reste un couteau pour se venger.

Et l'on ne peut assez le déshonorer, qu'il ne lui reste un cœur obstiné à la vengeance.

L'outrage aux femmes, et « le mépris de la personne », sont les pires injures contre l'honneur.

Un autre cas est celui où la conjuration est politique et a pour objet de délivrer la patrie d'un tyran. Rien, alors, ne le préserve que sa démission. Mais, comme il ne s'en trouve aucun qui s'y résigne, il s'en trouve peu qui ne finissent pas mal. C'est le cas de citer Juvénal :

Ad generum Cereris sine cœde et vulnere pauci
Descendunt reges, et siccâ morte tyranni.

Il y a des dangers pour les conjurés dans tous les temps de la conjuration :
1° Dans la préparation;
2° Dans l'exécution;
3° Après l'exécution.
Ou la conjuration est l'œuvre d'un « solitaire » (et alors le mot est impropre : *conjurare*, il n'a pas de sens, puisqu'on ne jure avec personne);
Ou elle est réellement l'œuvre de plusieurs.
OEuvre d'un seul, elle n'est périlleuse que dans les derniers moments, puisque le secret n'est pas partagé pour la préparation;
Elle s'offre au premier venu, puisqu'il n'est personne qui ne puisse parler au prince;

Et qui peut parler à quelqu'un peut lui arracher l'âme : elle est sous la main de n'importe qui.

Il est plus de gens qui voudraient assaillir le prince qu'il n'en est qui le fassent en réalité. Et, de ceux qui le font, il en est beaucoup qui sont tués sur-le-champ.

Or, peu d'hommes sont décidés à aller à une mort certaine.

La conjuration à plusieurs est affaire aux grands et aux familiers du prince. Pour d'autres, c'est folie : les espérances et les facilités leur manquent. (Mais cette observation est bien moins valable dans les conditions de la vie moderne et démocratique.) Ils (ces derniers) ne peuvent promettre assez pour entraîner aux grands périls. Dès qu'ils se sont ouverts à deux ou trois affidés, ils rencontrent leur dénonciateur, qui les perd. Mais, quand bien même ils auraient la chance de ne pas le rencontrer, l'exécution leur est si malaisée, n'ayant pas accès, jusqu'au prince, qu'il est impossible qu'ils ne s'y ruinent pas. Les petits, quand ils ont pris un prince en haine, s'en remettent, par conséquent, à de plus puissants qu'eux du soin de les venger. Et tous ceux qui ont conspiré ont, par suite, été des grands ou des familiers du prince : *trop de bienfaits les y ont animés comme trop d'injures.*

(Exemples de Perennius contre Commode, Plautien contre Sévère, Séjan contre Tibère; Jacopo d'Appiano [qui est un second Castruccio Castracani] contre Piero Gambacorti, prince de Pise, Coppola contre Ferdinand d'Aragon.)

Si une conjuration devait réussir, c'était celle-ci (celle de Coppola), faite en quelque sorte par « un autre roi », qui avait toute commodité pour choisir ses moyens, son lieu et son heure. Mais la passion de dominer l'aveugla. Sinon, si lui-même et les grands, ses complices, avaient gouverné leurs desseins avec prudence, il eût été impossible qu'ils ne réussissent pas. *Le prince doit donc redouter plus encore ceux à qui il a procuré trop de plaisirs que ceux à qui il aurait fait trop d'injures. Il ne doit donner à ses amis qu'une autorité ainsi faite qu'il y ait quelque intervalle entre elle et le principat et que, dans cet intervalle, il reste pour eux quelque chose à désirer.*

Les trois temps de péril dans les conjurations étant : *avant, sur le moment,* et *après,* dans la préparation, il faut beaucoup de prudence et une grande chance pour n'être pas découvert.

Les conjurations se découvrent ou par délation ou par conjecture.

1° Du peu de foi. Tu ne peux t'ouvrir qu'à des affidés qui jouent leur tête ou à des mécontents.

Des affidés, tu en trouveras peut-être un ou deux de sûrs : au delà, n'y compte pas. Et il faudra qu'ils t'aiment bien pour que le péril et la peur du châtiment ne soient pas plus grands que leur affection pour toi. Il n'est pas de marque d'attachement qui tienne devant le risque encouru. Si c'est au mécontentement exprimé contre le prince que tu mesures la fidélité, à cela aussi tu peux te tromper.

C'est chose miraculeuse, lorsque beaucoup de membres y participent, qu'une conspiration soit tenue secrète pendant longtemps; comme celle de Pison contre Néron, ou chez les modernes, des Pazzi contre Laurent et Julien de Médicis, à laquelle furent initiées plus de cinquante personnes et qui fut conduite à exécution sans avoir été découverte.

2° Du peu de prudence. Un conjuré bavarde devant un tiers : les fils de Brutus parlent aux envoyés de Tarquin, en présence d'un esclave, qui les accuse. Si tu te confies, par légèreté, *a donna o a fanciullo che tu ami,* ou à quelque autre frivole personne, tu te perds. (Exemple, Dinnus, conjuré avec Filotas contre Alexandre-le-Grand, qui livra le secret à Nicomaque, *fanciullo amato da lui :* l'enfant le répéta à son frère Ciballinus, et Ciballinus au roi.)

Les conjurations se découvrent aussi par conjecture.

Exemple, celle de Pison contre Néron. Le testament de Scevinus, ses poignards, ses affranchis, ses bandes de pansement, donnèrent l'éveil. C'était un homme de trop de précautions.

D'ailleurs, *dès qu'on est plus de trois ou quatre, la conspiration se découvre inévitablement,* que ce soit par malice, par imprudence ou par étourderie. Et, quand on tient un des conjurés, on en a bientôt pris deux, car ils ne sont pas convenus de toutes leurs réponses.

Mais, si l'on n'en tient qu'un et que ce soit un homme fort, il peut se taire. Seulement, il faut que les autres aient autant de sang-froid que lui, et qu'ils ne se dénoncent pas eux-mêmes par la fuite. Il est rare d'en trouver qui aient autant de fermeté que Théodore, dans la conjuration contre Jérôme, roi de Syracuse.

On passe donc par tous les périls dans la préparation d'un complot. Les remèdes sont ceux-ci :

Le premier, et, à vrai dire, le seul, est de *ne pas donner à tes complices le temps de t'accuser, et par con-séquent de ne leur révéler ton dessein qu'au moment de l'exécution, et pas avant :* il réussit presque toujours. Exemples : Nélémate contre Aristotime, tyran d'Épire, Ortanus contre le Mage, devenu par ruse roi de Perse, complot où Darius dit aussitôt qu'il en fut : « Allons-y tout de suite, ou je vous dénonce; » les Étoliens contre le tyran spartiate Nabis; puis, de nouveau, Pison. Mais « les actions du monde », *le azioni del mondo, il giuoco del mondo (le cose der monno,* dit le *popolano* romain) sont ordinairement conduites par des gens qui ne s'y entendent guère, *il est plus facile de trouver un homme discret que d'en réunir plusieurs,* et c'est plus sûr, puisqu'un seul témoin ne fait pas preuve : *testis unus, testis nullus.* Surtout, qu'on n'écrive pas, comme le tribun Saturnin fit écrire Claudien. Pison avait mis dans sa conjuration une femme, Epicharis, ancienne amie de Néron, qui mentait bien et qui, dénoncée, s'en tira. Mais on ne s'en tire pas toujours : il y a danger, lorsqu'on ne s'ouvre qu'à un complice, qu'il ne t'accuse *in pruova* (dans la question, sous la torture?) ou con-vaincu et condamné; ton confident peut te dénoncer par zèle ou par contrainte; tu peux alors alléguer l'inimitié qu'il avait contre toi ou la violence qui le force à dire n'importe quoi. Mais, à tout le moins, *ne communique ton projet qu'à une seule personne, car il y a moins de danger en une seule qu'en plusieurs. La né-cessité t'oblige-t-elle à faire au prince ce que tu vois qu'il veut te faire à toi, dans ce cas va vite, devance-le, c'est diminuer de toute façon le péril.* Exemples, Lætus, Electus et Martia contre Commode, Macrin et Martial contre Antonin. *Les menaces,* en somme, *exposent à de plus grands dangers que le fait;* il faut ou caresser les hommes, ou s'assurer d'eux, et *ne les réduire point à l'extrémité d'être obligés de penser qu'ils doivent mourir ou tuer.*

Les périls dans l'exécution sont : un changement de plan, le manque de courage, une erreur de l'exécutant par défaut de prudence; c'est qu'il n'achève pas et laisse vivre un de ceux qu'il devait abattre.

Rien ne trouble et ne dérange plus les actions des hommes que d'avoir en un instant à changer un plan; surtout si ces changements se présentent à la dernière heure. Ils sont funestes à la guerre et dans les choses dont on parle ici, parce qu'il y importe grandement que les hommes fassent ce qu'ils ont à faire et affermissent leur cœur à cet effet. Si l'ordre change, alors qu'ils ont vécu des jours entiers tendus sur une pensée, on court à un échec, c'est la ruine de tout, en sorte qu'il vaut mieux s'en tenir au plan convenu, malgré quelques in-convénients, que risquer mille inconvénients pour lui en substituer un autre. Bien entendu, quand le temps manque, car il est évident que, si on a le temps, on peut changer son plan. Exemple, la conjuration des Pazzi.

Le courage fait défaut à l'exécutant soit par le respect qu'il a d'autrui, soit par sa propre lâcheté. Il faut compter avec la majesté que respire et la révérence qu'inspire la personne du prince (ou du grand homme : Marius à Minturnes.) Exemples, conjurations contre Stalice, roi de Thrace, contre Alphonse de Ferrare. Dans la conjuration contre le duc Alphonse, *ne pas avoir tué le duc, lorsqu'ils en avaient eu l'occasion, fut,* de la part de ses frères, *poca prudenza, peu de prudence; la cattività, ce qui était mauvais, c'était d'en avoir eu l'intention.* (Et voilà qui éclaire bien « l'amoralité » machiavélique.)

A la minute de l'exécution, même un homme habile à manier le fer se trouble aisément. On est énervé, on parle, on crie, et l'on avertit. Exemples, Quintien contre Commode, Antoine de Volterra contre Laurent de Médicis.

On peut ne. pas achever son dessein, quand on conjure contre une seule tête : il est difficile qu'on l'achève, quand on conjure contre deux, car il est presque impossible de mener une action en un même temps dans divers lieux, et on ne peut la faire en divers temps, c'est-à-dire en diverses parties, si l'on ne veut pas que l'une gâte l'autre. *Si bien que conspirer contre un prince est chose douteuse, périlleuse et peu prudente, mais conspirer contre deux à la fois est chose tout à fait vaine et téméraire.* (Exemple, Plautien contre Sévère et Antonin, qui se trouvaient en deux endroits différents.) Cette chose est si déraisonnable qu'il faut toute l'autorité de l'historien pour la faire croire. (Exemples, conjurations de jeunes Athéniens contre Dioclès et Hippias, de Chion et Léonide contre Cléarque et Satire; à Florence, conjuration des Pazzi.)

A conclure de là que *chacun doit s'abstenir de pareilles conjurations contre plusieurs chefs, parce qu'on ne peut faire, par elles, aucun bien ni à soi-même, ni à la patrie, ni à personne.* Au contraire, ceux qui y échappent n'en deviennent que plus acerbes et plus insupportables. Il est vrai que Pélopidas réussit à Thèbes non pas contre deux, mais contre dix tyrans, et que non seulement il n'était pas leur confident, mais qu'il était rebelle. Seulement Carion, leur conseiller, lui facilita l'entrée. Ce n'est pourtant point un exemple à imiter; car l'entreprise était presque impossible, et la réussite fut merveilleuse, chose rare et presque inimaginable.

Craindre l'accident inopiné qui interrompt l'exécution, les fausses imaginations qui la précipitent. Exemple, la conjuration de Brutus contre César, dont l'exécution faillit être avancée à la matinée, par une conversation de César avec l'un des conjurés où les autres crurent voir une dénonciation.

Ces fausses imaginations sont faciles. Elles sont

aidées par l'inquiétude des mauvaises consciences. L'homme qui médite un coup croit toujours qu'on parle de lui. Il fuit et se découvre, ou hâte l'action à contre-temps et la manque.

Plus il y a de conjurés, plus ces imprudences sont à redouter. Quant à l'accident, on ne peut qu'en montrer l'effet par des exemples. (Giulio Belante, de Sienne, contre son beau-père Pandolfo.) Contre ces accidents, parce qu'on ne saurait les prévoir, on ne peut rien.

3° *Périls après l'exécution.* Il n'y en a qu'un : *qu'il reste, après le prince mort, quelqu'un qui le venge :* frères, fils ou autres parents qui visent au principat, et qui survivent ou par la négligence des conjurés ou par une autre des raisons préalléguées. (Exemple, Giovann'-Andrea da Lampognano contre le duc de Milan.) Mais en laisser un vivant, par imprudence ou négligence, est sans excuse. (Les gens de Forli contre Girolamo Riario et Madame Catherine Sforza.) Mais le pire danger et le plus à craindre est quand le prince était populaire, quand le peuple était l'ami du prince assassiné. (Les meurtriers de Jules César.)

Les conjurations contre la patrie sont moins dange-reuses pour ceux qui les ourdissent. Elles offrent, dans la préparation, moins de périls; dans l'exécution, les mêmes; après l'exécution, aucun.

Moins dans la préparation. Un citoyen peut aspirer au pouvoir sans le dire à personne. Si ses desseins ne sont pas traversés, il mène à bien son entreprise; s'ils le sont par quelque loi, il peut attendre et prendre une autre voie.

Cela encore doit s'entendre d'une république cor-rompue; car, dans une autre, parfaitement intacte, où il n'y a aucun germe de corruption, une telle pensée ne peut venir à l'esprit d'un citoyen. (Machiavel le croit-il sincèrement, ou n'est-ce qu'une précaution ora-toire? Dans ce dernier cas, pourquoi?)

Les citoyens d'une république ont mille moyens d'as-pirer sans danger au principat. Car les républiques sont plus lentes, elles soupçonnent moins, et, par suite, se gardent moins bien (que les princes). D'autre part, elles ont plus d'égards pour leurs citoyens puissants, ce qui rend ceux-ci plus audacieux, et leur donne plus de courage à les attaquer. (Conjuration de Catilina, d'après Salluste. — Conjuration de Hannon, à Carthage.)

La difficulté dans les conjurations « contre la patrie », *c'est qu'il est très rare que les forces de quelques particuliers suffisent contre tant de gens.* Tout le monde n'est pas général d'armée, comme César, Agathocle ou Cléomène. Aux autres, il faut de l'astuce et de l'art. (Exemples, Pisistrate; à Sienne, Pandolfo Petrucci, qui profite de ce qu'on lui a donné en charge la garde de la place, considérée comme *cosa meccanica*, une chose vile et que les autres refusaient; d'autres enfin ont procédé avec leurs hommes ou des troupes étrangères, et avec des fortunes diverses : Catilina, Hannon.)

Des conjurations « contre la patrie », presque aucune ne manque dans la préparation. Mais ou bien elles réussissent, ou elles échouent dans l'exécution. Après l'exécution, elles n'offrent d'autres périls que ceux que le principat comporte par lui-même : devenu tyran, on court les dangers de la tyrannie.

« C'est tout ce que j'avais à écrire sur les conjurations. Si j'ai parlé de celles qui ont pour instrument le fer, non de celles qui choisissent le poison, c'est que toutes ont un même destin. Il est vrai que, par le poison, elles sont plus périlleuses, étant plus incertaines, car tout le monde n'y a pas ses commodités et il faut en conférer avec ceux qui les ont. Cette confidence est périlleuse. Et puis, un poison peut n'être pas mortel.

Pour les princes, le péril de la conjuration est double : si elle réussit et si elle échoue. Si elle réussit, ils en meurent; si elle échoue et s'ils la punisssent, ils restent décriés. On croit que c'est une invention qu'ils exploitent contre le sang et les biens de ceux qu'ils accusent.

Je veux donc avertir les princes de *prendre garde*, dans ce cas, *avant de se venger, à bien s'informer, à bien mesurer les conditions des conjurés et les leurs. Si la conjuration est faite, qu'ils ne la découvrent pas jusqu'à ce qu'ils soient en force pour l'écraser : autrement, ils découvriraient leur ruine. Mais ils doivent alors bien dissimuler, parce que les conjurés, se voyant découverts, n'auraient plus rien à ménager.*

(Exemple, les légions romaines à Capoue, contre les Samnites.)

Les hommes sont lents dans les choses où ils croient avoir du temps, et se précipitent dès que la nécessité les chasse.

Quand les conjurations sont fortes, le meilleur moyen pour un prince ou une république qui veut différer à son avantage de découvrir une conjuration est de *ménager avec art une occasion aux conjurés, afin que, croyant avoir le temps d'agir, ils donnent, en réalité, à ceux qu'ils menacent, le temps de les réprimer.*

(Exemples, Gautier, duc d'Athènes, Guglielmo de' Pazzi.)

Mais, *quand les conjurations sont faibles, on peut et l'on doit les écraser sans ménagement.*

(Encore Gautier, duc d'Athènes. Afin de montrer qu'il est bien vu des citoyens et qu'il n'en craint rien, il fait mourir un homme qui lui a dénoncé une conjuration.) Mais parfois le tyran est pris à son jeu. Dion de Syracuse, pour éprouver ceux qu'il soupçonne, invite Callippe à feindre une conjuration. Mais Callippe feint si bien qu'il se met, en ayant tant de facilité, à conspirer réellement et enlève à Dion l'État et la vie.

[Machiavel reste là-dessus, et nous laisse, à nous, l'impression que ce chapitre si considérable par l'importance de son sujet et par son développement, si bien commencé, si bien conduit, *ne finit pas*. Il est, en tout cas, remarquable, que, pas une fois, l'auteur ne pose la question de la « moralité » des conjurations, mais disserte seulement de leur utilité et de leur difficulté, avec balance de leurs chances et de leurs risques. C'est précisément la marque, le sceau du « machiavélisme ».]

(Chapitre VI.)

D'où vient que, des changements de régime, les uns se font avec, et les autres sans effusion de sang.

Cela dépend de l'origine des États : si l'État est né par violence, ou non. Quand il est né par violence, il naît au dommage de beaucoup : il faut donc, quand il tombe, que ceux qui ont subi l'injure se veuillent venger; et de là, de ce désir, le sang et la mort des hommes. Application à l'État de l'adage évangélique : « Quiconque a frappé par l'épée périra par l'épée. » *Quand les changements sont faits en quelque sorte d'un commun consentement, il n'y a pas de raison de sacrifier d'autres personnes que le chef.* Ceux-là, au contraire, sont très périlleux, lorsqu'ils sont faits par des gens qui poursuivent la vengeance. Ils ont toujours été tels qu'ils ont glacé d'épouvante qui les lit dans les histoires, et les histoires en sont pleines.

(Chapitre VII.)

Un mauvais citoyen ne peut pas faire de mal dans une république qui n'est pas corrompue. Mais si un peuple l'est, il ouvre la voie à la tyrannie. Exemple de Manlius Capitolinus dont toutes les vertus et tous les exploits « furent effacés par sa brutale volonté de régner ». Les tribuns et les nobles s'unirent pour le condamner. Cela montre mieux que tout, dit Machiavel, l'excellence des institutions de la République, qu'un citoyen honoré à ce point de la faveur et de la reconnaissance de tous, à ce point populaire, n'ait pu se soustraire au châtiment mérité. Cela montrerait peut-être aussi que, sous cette popularité justifiée, il restait un fond ou des traces d'envie, de jalousie, d'ingratitude démocratiques, le poison de l'*invidia democratica*. C'est ce que semble indiquer le mot de la fin : « Si bien que par sa mort ils se libérèrent. » Mais la phrase de Tite-Live est plus noble : *Hunc exitum habuit vir, nisi in liberâ civitate natus esset, memorabilis.*

A la cité corrompue s'oppose celle qui « vit politiquement ». *Dans les grandes actions, il faut considérer les temps et s'y accommoder, sous peine d'être malheureux et d'échouer dans ses entreprises. Ce n'est que dans les cités déjà corrompues que l'on peut « imprimer à l'État la forme de son ambition ».* Mais cette corruption procède lentement, c'est une œuvre qui dépasse les limites de la vie d'un homme. Or, *les hommes sont impatients, et ne peuvent longuement différer leur passion. En outre, ils se trompent aisément dans leurs propres affaires, surtout dans celles qui leur tiennent le plus à cœur : aussi entreprennent-ils à contretemps, avant le temps, et manquent-ils.*

Il faut, de toute manière, pour prendre de l'autorité dans une république, et y introduire une mauvaise forme, — *trista forma*, — la trouver « désordonnée » de longue date, de génération en génération, ce qui arrive quand elle n'est pas fréquemment « rafraîchie par de bons exemples » et ramenée vers ses principes. (Ne pas oublier que, pour Machiavel, tous les gouvernements sont bons ou peuvent l'être à leur origine, mais qu'ils vont se corrompant à l'user : d'où trois bonnes formes de gouvernement et trois mauvaises, qui ne sont que la corruption des premières. Chacune de ces formes a deux modes, qui peuvent n'être que deux temps de la même : monarchie, despotisme; démocratie, démagogie.)

Bien considérer, — il insiste, — *la qualité des temps et la force des circonstances, leur cours, leur pente : il est aussi difficile et dangereux de vouloir faire libre un peuple qui veut vivre esclave, que de vouloir faire esclave un peuple qui veut vivre libre.*

(Chapitre VIII.)

Il convient de changer avec les temps, si l'on veut avoir bonne fortune.

Exemple de Fabius Maximus, qui ne sut jamais que temporiser, mais qui eut la chance que ce fût, dans tous les cas où il commanda, ce qu'il valait le mieux faire. Son différend avec Scipion, quand le jeune chef voulut porter la guerre en Afrique. Si Scipion s'était conduit selon le conseil de Fabius, « Annibal serait encore en Italie ». Exemples modernes de Piero Soderini et du Pape Jules II. « Piero Soderini procédait en toutes choses avec douceur et patience. Il prospéra, et sa patrie avec lui, tant que les temps furent conformes à sa façon de procéder; mais quand, ensuite, vinrent les temps où il fallait rompre avec la patience et l'humilité, il ne sut pas le faire, et il se ruina, en ruinant la patrie. » Jules II, au contraire, procéda, tout le temps de son pontificat, par élans et avec furie; et, parce que les temps « l'accompagnèrent bien », il réussit en toutes ses entreprises. Mais s'il était venu d'autres temps qui eussent demandé un autre conseil, il se fût nécessairement ruiné, parce qu'il n'aurait changé ni la manière ni l'ordre de se gouverner.

Nous ne pouvons pas nous changer : 1° parce que nous ne pouvons pas travailler contre le penchant de notre nature; 2° parce que, quand une chose nous a réussi, nous ne pouvons pas nous persuader qu'il puisse être jamais bon de procéder autrement. C'est pourquoi *la fortune d'un homme varie : elle change (elle voit changer) les temps et ne change pas les moyens.*

Les républiques produisent assez facilement, dans chaque occasion, les hommes que réclament les circonstances : il en résulte qu'elles peuvent avoir longtemps bonne fortune. Mais elles sont lentes à changer, et de là finit par venir leur ruine.

(Chapitre IX.)

Quand une erreur est générale, il n'est pas mauvais d'y revenir à plusieurs fois pour la dénoncer.

Nos actions dans les grandes choses diffèrent beaucoup de celles des anciens; surtout à la guerre. Princes et républiques se sont écartés de cet exercice. Lorsqu'ils paraissent s'y adonner, les rois de notre temps ne le font que pour la montre. Les républiques (avant toutes autres, les républiques italiennes) commettent l'erreur de s'en fier à autrui. Ou bien il leur semble que « ce sont elles, les princes », et elles prétendent trancher sur tout. La plus sage instruction que, princes « otieux » ou républiques efféminées, ils croient avoir à donner à leurs capitaines, quand ils les mettent en campagne, est de n'en pas venir à la bataille : c'est leur façon d'imiter Fabius Maximus, et ils ne voient point que, dans la plupart des cas, cette recommandation est nulle ou dangereuse. S'il faut être deux pour se battre, il faut être deux aussi pour ne pas se battre. Un tel ordre revient donc à dire : « Livre combat au gré de l'ennemi, et non à ta volonté. » Pour être en campagne et ne pas donner ou soutenir la bataille, il faudrait être au moins à cinquante milles de l'ennemi, et entretenir de bons espions qui, s'il se met en marche vers toi, t'avertissent et te donnent le temps de te retirer. Ou encore s'enfermer dans une ville; mais ni l'un ni l'autre de ces deux partis ne vaut rien. En te retirant, tu livres le pays, et tu ne prolonges la guerre qu'au détriment des habitants. Si tu t'enfermes dans une ville, tu y seras assiégé, et tôt ou tard réduit à te rendre.

On ne peut pas dire que Fabius fuyait la bataille; mais il voulait ne la livrer qu'à son avantage. En cas semblable, Annibal l'évita autant que lui. Mais, pour l'un et pour l'autre, il ne restait que les deux moyens ci-dessus indiqués de s'y dérober, ou un troisième : la fuite. S'enfuir, c'est consentir à être vaincu. (Exemple de Philippe de Macédoine, père de Persée, qui joua un certain temps « à cache-cache » avec les Romains, mais qui dut y renoncer et courir la fortune de la journée.) Toutefois, des deux adversaires, l'envahisseur est, par position, celui qui peut le moins l'éviter.

(Chapitre x.)

Toutes les fois que plusieurs puissances sont unies contre une autre, encore que toutes ensemble elles soient beaucoup plus fortes que celle qui est seule, néanmoins on doit toujours espérer plus en celui qui est seul et moins vigoureux (gaillard = gagliardo) qu'en ceux qui sont plusieurs et très vigoureux (gagliardissimi). Parce que, en laissant de côté toutes les choses dont un seul se peut prévaloir mieux que plusieurs (lesquelles sont infinies), *il arrivera toujours ceci, qu'usant un peu d'adresse, il pourra désu-*

nir ce corps (composé) qui était robuste, et le rendre faible. (Exemple, toute l'Italie contre les Vénitiens, en 1484 : ils corrompent Ludovic le More, et ainsi « ceux qui avaient perdu la guerre gagnèrent la paix... *Mutato nomine...*) *Quand une guerre éclate, d'un contre plusieurs, on peut parier que celui qui est seul, s'il a la force de supporter le premier choc, finira par avoir le dessus.*

Il pourra y avoir des sacrifices à faire : abandonner une partie pour sauver le reste. Venise se trouva dans ce cas en 1488 *(nell'otto)*; en temps de paix, elle eût jugé le parti très sage ; mais, dans les troubles, elle le jugea honteux et peut-être de peu de profit. Peu de ses citoyens pouvaient voir le mal, très peu apercevoir le remède, et personne le conseiller.

Un capitaine prudent doit imposer à ses soldats la nécessité de combattre, et l'ôter aux ennemis.

Voici des chapitres plus particulièrement militaires : nous passerons vite, pour la plupart, ne retenant que quelques aphorismes d'un caractère général, tels que :
La nécessité est utile aux actions humaines; sans elle, les mains et la langue, deux très nobles instruments à ennoblir l'homme, n'auraient pas produit toutes leurs œuvres — Une ville est beaucoup plus difficile à reprendre après une insurrection, qu'elle ne l'avait été à prendre. — L'obstination de la haine entre princes voisins et républiques voisines procède de leur ambition de dominer. — Les peuples, avides de la paix qui s'offre, ne voient pas le piège caché sous les larges promesses.
A noter la définition de la « juste guerre », prêtée par Tite-Live à Claudius Pontius, capitaine de l'armée des Samnites, forcés par les Romains à se défendre :
« *La guerre est juste pour ceux à qui la nécessité l'im-*

pose, et les armes sont pieuses pour ceux à qui il ne reste d'espoir que dans les armes (1). »

(Chapitre XII.)

En quoi peut-on avoir plus de confiance, ou en un bon capitaine qui ait son armée faible, ou en une bonne armée qui ait son capitaine faible.

Il y a des cas où les soldats seuls pourront remporter la victoire et d'autres où il pourra suffire des capitaines seuls, mais, somme toute, ils ont besoin les uns des autres. Si l'on considère quel est le plus à craindre d'une bonne armée mal commandée ou d'un bon capitaine à la tête d'une mauvaise armée, il faut, selon César, estimer peu l'un et l'autre. En Espagne, contre Afranius et Petreius, il disait qu'il allait « *ad exercitum sine duce* »; en Thessalie, contre Pompée : « *Vado ad ducem sine exercitu.* » Pourtant il semblait croire qu'il était plus facile à une armée de se faire un bon chef, qu'à un chef de se faire une bonne armée. (C'est au moins douteux, et, dans les temps modernes, le contraire serait peut-être plus vrai : les exemples que donne Machiavel lui-même vont plutôt contre son opinion, si bien qu'il l'atténue et finit par juger les chances égales.) Mais *il y a le danger qu'une armée sans chef devienne insolente et audacieuse. Il vaut donc mieux, au bout du compte, se fier à un capitaine qui ait le temps d'instruire et d'armer ses soldats qu'à une troupe remuante avec un chef tumultuairement créé par elle.* La gloire sera double pour le capitaine qui aura vaincu l'ennemi, mais qui, avant d'en venir aux mains, aura dû former son armée.

(Chapitre XIII.)

(1) La formule latine, souvent citée par les juristes, est, dans son texte : *Justum est bellum, quibus necessarium ; et pia arma, quibus nisi in armis spes est.*

Des inventions nouvelles qui apparaissent au milieu de la bataille et des bruits extraordinaires que l'on fait courir ; quel effet produisent-ils ?

De grands effets dans une armée disciplinée, d'énormes dans une armée sans discipline.

Machiavel n'a pas une grande confiance dans le nombre pour la valeur militaire d'une armée : il paraît, au contraire, en craindre l'extrême facilité à s'émouvoir avec excès. L'apparition de choses extraordinaires ne peut qu'être utile dans le combat; exemple, Caïus Sulpitius, contre les Gaulois, faisant armer valetaille et ribaudaille, et les cachant derrière une colline, d'où elles débouchent tout à coup (stratagème qui lui assura le gain de la journée, quoique cette « chose extraordinaire » ne fût pas bien merveilleuse.) Mais l'effet de telles inventions ne dure guère. Celle de Sémiramis, fabriquant des éléphants avec des chameaux couverts de cuirs de bœufs, ne prit pas. Il faut encore qu'elles soient vraies, ou du moins qu'il y ait en elles plus de vérité que de simulation.

(Chapitre XIV.)

Un chef, et non beaucoup, doit être préposé à une armée, et plusieurs commandants nuisent.

Nécessité du commandement unique. C'est une mauvaise pratique des républiques de diviser l'action entre plusieurs chefs. *Mieux vaut un chef médiocre, mais seul, que deux hommes de grande valeur avec la même autorité.*

(Chapitre XV.)

Il a toujours été, et il sera toujours, que, *dans une république, les hommes grands et rares sont négligés en temps de paix,* car, par l'envie que leur réputation a suscitée contre eux, il s'élève en de tels temps nombre de citoyens qui veulent être non seulement leurs égaux, mais leurs supérieurs. Cette inclination (ou disposition d'esprit) est un véritable « désordre » dans les républiques. Les hommes de valeur s'en sont blessés pour deux raisons : la première, parce qu'ils voient qu'on ne les met pas à leur place; la seconde, parce qu'ils voient qu'on leur donne pour collègues des indignes et des incapables. D'où bien des ruines. Car ces citoyens éminents, qui s'estiment ainsi méprisés et qui savent que la cause en est aux temps faciles et non périlleux, s'ingénient à les troubler en provoquant des guerres, au préjudice de la République. *A cela, on ne trouve que deux remèdes : maintenir pauvres les citoyens, afin qu'avec des richesses sans virtù* (la richesse sans la valeur) *ils ne puissent corrompre ni eux-mêmes ni les autres; s'organiser pour la guerre de telle sorte qu'on puisse toujours la faire, et qu'on ait toujours besoin de citoyens de réputation.* (Exemples de Paul-Émile et de la manière dont il obtint le Consulat, et, à Florence, en 1494, d'Antonio Giacomini.) Mais il reste que, dès qu'il n'y a plus de risques à courir, et qu'il y a des avantages à recevoir, en honneurs et en dignités, il se présente tant d'hommes de toute espèce qu'il n'y a plus de place pour celui qui ne s'était pas dérobé aux jours difficiles.

(Chapitre XVI.)

Il ne faut pas offenser quelqu'un, et ensuite lui confier administration et gouvernement d'importance.

Cas de Claudius Néron, en Espagne, contre Asdrubal, puis contre Annibal. Après sa victoire, on lui demanda pourquoi il avait pris un parti périlleux, où, sans une extrême nécessité, il avait joué presque la liberté de Rome. Son explication fut que, si l'entreprise réussissait, il réacquerrait la gloire qu'il avait perdue; que, si elle échouait et si son dessein tournait mal, il se serait vengé de la Ville et des citoyens qui l'avaient si injustement et si cruellement offensé.

A ces désordres qui naissent dans les républiques, il n'est pas de remèdes. Il s'ensuit de là qu'il est impossible d'instituer une république perpétuelle, parce qu'il y a mille manières d'en causer la ruine.

(Chapitre XVII.)

Rien n'est plus digne d'un capitaine que de pressentir les projets de l'ennemi.

Mais il n'est pas si difficile de deviner ses desseins que de connaître ses actions, et non pas tant ses actions terminées, que les présentes et les prochaines. A la nuit, le vainqueur a cru parfois être vaincu, et le vaincu, vainqueur. (François Ier à Santa Cecilia, Marignan.) *Le vainqueur est celui qui croit l'être, ou plutôt celui qui est le premier persuadé de la défaite de l'ennemi.* En 1498, les Florentins furent, de la sorte, vainqueurs à peu de frais, pour avoir appris assez vite la retraite des Vénitiens devant Marradi. Mais une victoire de ce genre eût pu tout aussi bien être retournée.

(Chapitre XVIII.)

Un prince doit éviter de se faire haïr, et le meilleur moyen, c'est de ne pas toucher aux biens de ses sujets.

(Chapitre XIX.)

Les hommes sont friands de nouveautés (axiome contredit depuis lors), *même ceux qui se trouvent bien de l'état présent des choses.* C'est ce qui fait qu'on ouvre à tout novateur les portes de la Cité (probablement souvenir du temps de Savonarole). *Les hommes obéissent à deux mobiles principaux : l'amour et la crainte; la grande affaire est de savoir s'entourer de prestige, sur quoi qu'il soit fondé.* (C'est l'occasion de remarquer que le fondement de la politique selon Machiavel est, par-dessus tout, psychologique.)

(Chapitre XXI.)

La sévérité convient dans une république, parce qu'elle empéche un homme de s'y faire des partisans.

Un prince doit rechercher dans ses sujets l'obéissance et l'amour.

Ce qui lui assure l'obéissance, c'est d'observer lui-même les lois, d'être tenu pour vertueux *(virtuoso)*; l'amour lui vient de l'affabilité, de « l'humanité » (courtoisie ou politesse), de la piété. Qu'un prince soit personnellement bien vu et que son armée soit de son parti, c'est conforme à l'ordre général de son État. Mais, pour un citoyen, avoir son armée et son parti, cela détonne dans l'ensemble des institutions, puisqu'il doit vivre sous les lois et obéir aux magistrats.

(Chapitre XXII.)

Des choses qui rendent un chef odieux au peuple, la principale est de le priver d'un profit. La seconde est de paraître superbe et orgueilleux.

(Chapitre XXIII.)

La prolongation des commandements fit Rome esclave.

Ce fut une des causes de la « résolution » (dans le sens de *perte,* de *dissolution*) de la République. Les discussions provoquées par les lois agraires furent l'autre. Lucius Quinctius (Cincinnatus) refusa la prolongation de son Consulat; c'était encore un homme plein de scrupules constitutionnels. Mais, à mesure que les Romains « s'éloignèrent avec les armes », se lancèrent dans des expéditions, plus ils usèrent de cette prorogation, alors peut-être nécessaire, mais funeste, et qui avait deux inconvénients : l'un, que moins d'hommes pouvaient s'exercer au commandement et acquérir de la réputation; l'autre, qu'un citoyen avait ainsi le temps de gagner une armée et de s'en faire un parti. Ce sont les longs commandements qui permirent les luttes de Sylla et de Marius, et l'usurpation de César.

(Chapitre XXIV.)

Il n'y a rien de plus utile à un État libre que de maintenir ses citoyens dans la pauvreté.

La pauvreté produit de bien meilleurs fruits que la richesse.

C'est sans doute un paradoxe, mais tenu pour vérité certaine jusqu'à la fin du dix-huitième siècle : au moins considérait-on que la pauvreté des sujets rendait le gouvernement plus facile et plus sûr.

Créer un dictateur n'a jamais été que le dernier expédient dans l'affliction des choses.

(Chapitre XXV.)

Les États se perdent à cause des femmes.

(Chapitre XXVI.)

Moyen de réunir et de recomposer un État divisé : tuer les chefs de la rébellion.

Car il n'y a que trois choses à faire : ou les tuer, ou les expulser, ou les forcer à se réconcilier. Ce dernier moyen est le plus dangereux, le moins sûr et le plus inutile. Les Florentins, après avoir essayé du troisième, employèrent le deuxième à Pistoie; le premier eût été plus efficace. Mais, comme de semblables exécutions ont quelque chose de grand et de généreux, les républiques faibles ne savent pas s'en servir, et en sont si éloignées qu'on a grand'peine à les conduire jusqu'au second (l'expulsion).

Faiblesse des hommes du temps présent, causée par leur faible éducation et leur faible connaissance des choses. Fausseté de la maxime florentine, qu'il faut « tenir Pistoie avec les partis et Pise avec les forteresses ». Laissant de côté les forteresses, pour ce qui est des partis, il est impossible de se maintenir à la fois en amitié avec les deux partis, que ce soit un prince ou une république qui gouverne. *Force du principe monarchique : il ne se plie pas à ces procédés qui peuvent bien donner un résultat dans les temps calmes, mais sont fallacieux dans les temps forts.*

(Chapitre XXVII.)

On doit prêter la plus grande attention à la conduite des citoyens, parce que, souvent, sous ce qu'ils font se cache un germe de tyrannie.

Une république ne peut durer ni se bien gouverner sans des citoyens réputés. Mais, d'autre part, le renom d'un citoyen est, dans les républiques, cause de tyrannie. Il faut donc s'arranger pour que la réputation des citoyens en renom profite et ne nuise pas à la Cité et à sa liberté.

Il y a deux manières d'acquérir la réputation, publique et privée. Publique, en conseillant bien et en servant bien l'État : c'est celle-là qu'il faut encourager. Mais l'autre, acquise par voie privée, est très dangereuse. Ses moyens sont : bienfaits à tel ou tel particulier, prêts d'argent, mariages, protection contre les magistrats et autres faveurs personnelles : à celle-ci, il faut barrer la route.

La barrer, par la mise en accusation; au besoin, par

la dictature armée du bras royal et ayant recours aux mesures extrêmes. Laisser impunie une de ces tentatives, c'est exposer une république à la ruine, car il est difficile ensuite de la remettre dans le droit chemin.

(Chapitre XXVIII.)

C'est des princes que naissent les péchés des peuples.

Aussi les princes ne doivent-ils pas s'en plaindre : le mal vient de leur négligence ou de leurs mauvais exemples. (La Romagne, sous le Pape Alexandre VI. — Les tyrans de Romagne (1) faisaient des lois qu'ils n'observaient pas. Quand ils punissaient, c'était pour encaisser l'amende ou la confiscation. Les peuples s'appauvrissaient et ne se corrigeaient pas. Appauvri, le plus fort se dédommageait sur le plus faible...) Le chapitre s'achève par une citation de deux mauvais vers, qui a bien l'air d'une flatterie intéressée à l'égard de Laurent de Médicis.

(Chapitre XXIX.)

Même pour le bien, *il faut qu'un citoyen ait soin d'abord d'étouffer l'envie.*

L'envie est souvent cause que les hommes de bien ne puissent rien faire, car elle empêche qu'ils n'aient l'autorité dans les choses de grande importance. Elle s'éteint dans les grands périls, quand chacun, se sentant périr, la rejette et s'en remet à celui qui peut le sauver. Ou quand, par violence ou selon l'ordre naturel, disparaissent ceux des rivaux qui n'ont pu se résigner.

Lorsqu'ils sont nés dans une cité corrompue, les envieux sont incurables, et, pour satisfaire leur per-

(1) Voyez P.-D. PASOLINI, *I tiranni di Romagna.*

version de cœur, ils accepteraient la ruine de la patrie. Alors, il n'y a pas d'autre remède que leur mort. *S'ils meurent naturellement, l'homme vertueux (quell' uomo virtuoso) en peut être glorieux sans scandale. S'il n'a pas ce bonheur, il doit penser à se défaire d'eux n'importe comment, et il ne peut rien faire avant qu'il ait vaincu cette première difficulté.* (Exemples : Moïse, Savonarole, Piero Soderini.)

Celui-ci (Soderini) croyait, avec le temps, avec la bonté, avec sa bonne fortune, en faisant du bien autour de lui, éteindre cette envie, se voyant encore si jeune et si soutenu de nouvelles faveurs que lui valait sa façon de procéder, qu'il pensait venir à bout de ceux qui lui faisaient de l'opposition par envie, sans aucun scandale, violence ni tumulte. Il ne savait pas que le temps ne se peut attendre, que la bonté ne suffit pas, que la fortune varie, et qu'il n'est pas de cadeau qui apaise la malignité.

Point de défense plus inutile que celle qui se fait confusément et sans ordre. Il faut donc, en dernière raison, des armes. Mais lesquelles? C'est une très vieille question que celle de l'armée permanente ou de la milice. Il y a toujours à se méfier du nombre non exercé (Exemple de Camille). Et toujours, même pour la garde de la Cité, il est prudent de prévoir, de choisir, de « conscrire », d'armer à l'avance et d'instruire.

(Chapitre XXX.)

Les grands hommes sont grands dans toutes les fortunes. Les hommes faibles, enivrés dans la bonne, attribuent le mérite de cette chance à une *virtù* qu'ils n'eurent jamais : ils se rendent par là odieux et insupportables. Si le sort change, dès qu'ils voient la mauvaise fortune en face, ils tombent dans l'excès contraire et deviennent vils et abjects. D'où il suit que, dans l'adversité, des princes ainsi faits songent plus à s'enfuir qu'à se défendre.

Exemples des Romains et des Vénitiens. Les premiers, dans les pires désastres, ne se laissèrent jamais abattre, mais, écartant tout souci bas, ils ne pensèrent plus qu'à la guerre. Les Vénitiens, dans la bonne fortune, en étaient venus à ce degré d'insolence d'appeler le roi de France « le fils de saint Marc ». (C'est un Florentin qui le dit.) Mais, dans l'épreuve, la lâcheté de leurs cœurs, causée par la qualité de leurs institutions qui, militairement, n'étaient pas bonnes, leur eût fait perdre à la fois l'État et l'esprit. *Être insolent dans la bonne fortune et lâche dans la mauvaise, provient de la manière de vivre et de l'éducation; si l'éducation est faible et vaine, elle rend l'homme semblable à elle.* (Développement un peu trop oratoire.)

Le fondement de tous les États est une bonne milice : là où elle fait défaut, il ne peut y avoir ni bonnes lois, ni rien de bon. Toute l'histoire le prouve. Or il n'y a pas de bonnes milices, si elle n'est pas exercée, et comment peut-elle être bonne si elle n'est pas composée de sujets du prince ou de citoyens de l'État? Car on n'est pas toujours en guerre, et l'on ne peut pas y être toujours. Il convient donc de la pouvoir exercer en temps de paix, et l'on ne peut donc la faire que de gens à soi.

Il faut, au jour du danger, pouvoir lui dire simplement ce que dit Camille à ses soldats : « Faites ce qu'on vous a appris, comme à l'habitude. » Sinon, le chef n'aura pas d'armée dont il soit sûr, elle s'écroulerait sous lui. Comme il ne peut pas être partout dans la bataille, il doit avoir préparé des hommes qui soient animés de son esprit, connaissent ses méthodes et comprennent ses ordres. Si une cité est armée et organisée ainsi que l'était Rome, et s'il est donné à ses citoyens de pouvoir exercer leur valeur, ils auront toujours la même âme dans toutes les fortunes. Sinon, si c'est sur les mouvements de la fortune qu'elle s'appuie, lorsqu'elle viendra à changer, ils s'abandonneront comme les Vénitiens.

(Chapitre xxxi).

De quelle manière quelques-uns s'y sont pris pour troubler la paix.

Si l'on veut qu'un peuple ou un prince détourne son esprit d'un accord, il n'en est pas de plus sûr et de plus constant moyen que de lui faire commettre quelque scélératesse contre celui avec qui l'on ne veut pas que l'accord se fasse, parce que la peur du châtiment, qu'il croira avoir mérité, l'en tiendra toujours éloigné. (Exemple : les Mercenaires, Matho et Spendion; le meurtre d'Asdrubal et des prisonniers).

(Chapitre xxxii).

Si l'on veut qu'une armée gagne une bataille, il est nécessaire de lui inspirer confiance en elle-même, et dans son capitaine.

Deux choses lui inspirent cette confiance : être bien armée et bien organisée; se connaître les uns les autres. Pour les soldats, il est bon qu'ils soient « nés » en quelque sorte et qu'ils aient vécu ensemble. Pour le capitaine, les raisons qui lui mériteront la confiance sont : qu'il soit ordonné, plein de sollicitude, de grand cœur, tenant bien et avec réputation la majesté de son grade; et il la tiendra toujours quand il punira les fautes, n'imposera point de fatigues inutiles, observera ses promesses, montrera facile le chemin de la victoire, dissimulera les choses qui, de loin, pourraient faire apparaître les dangers, et ainsi les allégera. Un vrai courage, une bonne organisation, une assurance puisée dans le souvenir de précédents succès, ne peuvent s'éteindre par des erreurs de petite importance. Raisons qu'il est utile de faire connaître à l'armée avant le combat, mais en en laissant entendre plus encore qu'on n'en dit, et en disant avec mystère qu'on ne les dit pas toutes, parce qu'elles rendent la victoire certaine, mais qu'il ne faut pas les découvrir à l'ennemi.

(Chapitre XXXIII).

De la manière dont le peuple juge les hommes dans ses distributions d'honneurs, et s'il se trompe, en cela, moins qu'un prince.

Il se règle selon le bruit public, à défaut de connaissance personnelle, ou par une présomption, par l'opinion qu'il se fait d'un candidat. Il le juge d'après la réputation de ses pères, auxquels il présume qu'il doit ressembler jusqu'à ce que des actes aient prouvé le contraire. Ou bien d'après les façons mêmes du candidat, dont les meilleures sont : la compagnie d'hommes graves, de bonnes mœurs et réputés sages : « Dis-moi qui tu hantes... » De bonnes fréquentations font une bonne réputation. Ou bien encore, sur une action remarquable et extraordinaire, qui aura réussi avec honneur. Mais le bon renom des ancêtres est fallacieux ; il s'use vite, si la *virtù* de celui que l'on a à juger ne l'entretient pas. La bonne conduite est une voie meilleure, inférieure pourtant à la troisième, qui est fondée sur les œuvres et si solide qu'il faut beaucoup faire contre elle pour la défaire. C'est donc cette troisième route que doivent prendre ceux qui naissent dans une république. Il leur faut se qualifier par une action extraordinaire. Beaucoup y travaillaient à Rome, en faisant adopter une loi utile au public, ou en accusant quelque citoyen puissant de transgresser les lois, etc ; Moyen efficace non seulement de fonder, mais d'entretenir une réputation.

Aussi nécessaire, d'ailleurs, au prince dans son principat qu'aux citoyens dans la république. Rien ne le fait tant estimer qu'une action, un trait rare, conforme au bien commun, qui montre le seigneur ou magnanime, ou libéral et juste, et peint de telle façon que son renom passe en proverbe parmi ses sujets. *Les princes, en général, sont mieux avertis que les peuples de la valeur d'un homme; pourtant, les peuples aussi peuvent l'être, et connaître son « insuffisance, ses défauts » que leur dénonceront assez les attaques personnelles mêlées aux « campagnes électorales ». C'est sur de pareils signes que le peuple se décide dans l'élection de ses magistrats, et s'il peut être aussi bien conseillé que le prince pour ses choix, il se trompe moins que lui.*

(Chapitre xxxiv).

Du danger de prendre l'initiative de conseiller une chose; et que, plus elle est extraordinaire, plus il y a de danger.

Si l'avis est donné des citoyens au prince, l'auteur de l'avis est rendu responsable du résultat que donnera la mesure prise suivant son conseil. La difficulté est soit de manquer à son devoir en ne conseillant pas, soit de se mettre en péril si l'on conseille, les hommes étant tous assez aveugles pour ne juger des bons et des mauvais conseils que par les conséquences.

Il n'y a qu'une seule issue; prendre les choses modérément, s'abstenir de toute initiative, opiner sans passion; de sorte que, si la Cité ou le prince suit l'avis que l'on donne, il ou elle le suive volontairement, sans qu'une insistance importune les y entraîne.

« Si tu agis ainsi, il n'est pas raisonnable que l'on t'en veuille de ton conseil, contre lequel ne se sera pas déclarée la volonté de beaucoup; là où tu aurais eu beaucoup de contradicteurs, il y aurait péril qu'en cas d'insuccès ils ne concourent à ta perte. Dans le premier cas, tu n'auras pas la gloire d'avoir été seul contre plusieurs à conseiller une chose qui a réussi, mais, en revanche, tu auras ces deux avantages : d'abord, pas de danger ; ensuite, si l'on néglige ton conseil pour en suivre d'autres, et si cela tourne mal, l'honneur t'en reviendra. Et, bien qu'on ne puisse se réjouir de la gloire qui s'acquiert au prix des malheurs de la Cité ou de son prince, il y a quand même à en tenir quelque compte ».

Au reste, on ne pouvait pas même garder le silence, car *se taire rendrait bientôt suspect*.

(Chapitre xxxv).

Raison pourquoi l'on dit que, dans les batailles, les Français sont, au début, plus que des hommes, et, ensuite, moins que des femmes.

Cette formule souvent répétée semble venir premièrement de Tite-Live. (Mais je l'ai vue ailleurs attribuée à César).

En réfléchissant à quoi tient cette différence, continue l'auteur du *Discours*, je pense bien que la nature des Français est ainsi faite ; mais il n'en reste pas moins que, si c'est leur nature qui les rend si redoutables au début, elle ne puisse être ainsi conduite avec art qu'ils se conservent tels jusqu'à la fin.

Trois espèces d'armées :

1° A la romaine, modèle de toutes les bonnes armées associant la fureur et l'ordre, où tout est réglé par la discipline, où l'on ne mangeait, ne dormait, ne commerçait, on ne faisait rien sans que le Consul l'eût commandé (les armées qui font autrement ne sont pas de vraies armées) ; qu'aucune difficulté ne décourageait, tant que l'organisation demeurait solide ;

2° A la française (à la gauloise), où la fureur était sans ordre et qui, si elles n'étaient pas victorieuses du premier choc, aussitôt renonçaient ;

3° Enfin, les armées où il n'y avait ni fureur naturelle, ni ordre artificiel, « comme les bandes italiennes de notre temps ». Contre ces bandes, Machiavel pousse une charge à fond : il les méprise et les injurie. « Troupe aveugle et fortuite, dit-il; non pas solennelle et sacrée. »

(Chapitre XXXVI).

Il semble que, dans les actions des hommes, il se trouve, entre autres difficultés, que, lorsqu'on veut conduire la chose à sa perfection, il y ait toujours à côté du bien quelque mal qui en naisse si facilement qu'il soit impossible, voulant atteindre l'un, d'éviter l'autre.

C'est pourquoi l'on réalise le bien avec difficulté, si l'on n'est pas aidé de la fortune, qui, par sa force, triomphe de cet ordinaire et naturel inconvénient.

Engager une bataille où l'on risque toute sa fortune, et où l'on n'emploie pas toutes ses forces, est chose tout à fait téméraire. D'autre part, il est sage, quand on a affaire à un nouvel ennemi, de le tâter par de petits combats. C'est le moyen, en l'éprouvant, de lui faire perdre sa réputation. Néanmoins il est à craindre que, vaincus dans ces premières escarmouches, tes soldats n'en aient pour la suite que plus de peur; et que l'effet, par conséquent, n'en soit contraire à ton dessein. Mais partout le mal est près du bien.

Un bon capitaine doit veiller à ce que rien n'entame le courage de ses troupes. *Ce qui peut le leur enlever, c'est de commencer par perdre : aussi ne faut-il permettre ces petites attaques qu'à coup sûr.* De même, un général ne doit garder les passages et défendre les forteresses que s'il ne peut les perdre sans que sa réputation en dépende. (Autrement dit, il ne doit défendre que ce qu'il lui faut défendre à fond.) Des autres, il ne doit pas entreprendre la défense.

Perdre une position que l'on évacue, tant que l'armée est intacte, ce n'est perdre ni sa réputation militaire, ni sa chance de gagner la guerre. Mais perdre une chose que tu as résolu de défendre, et que chacun sait que l'on défend, c'est à la fois le décri et la défaite.

Abandonner ses amis attaqués est un meilleur parti

*que d'occuper une position et de ne pas la défendre :
dans un des cas, on perd tout ensemble ses amis et ses
forces; dans l'autre, ses amis seulement.*

Lorsque l'on a devant soi un ennemi barbare et fa-
rouche, un chef prudent accoutume ses troupes à son
aspect, comme Marius montrant les Cimbres à son
armée, afinde l'habituer à leur vue.

(Chapitre XXXVII.)

Comment on doit tenir le rang de capitaine. Quiconque fera autrement verra, avec le temps, ce grade,
quand il y sera conduit par fortune ou par ambition,
lui ôter et non lui donner la réputation, car *ce ne sont
pas les titres qui illustrent les hommes, mais les hommes
qui illustrent les titres.*

Manière d'entraîner les armées : les exciter pendant
des mois par des combats simulés, les dresser à l'ordre
et à l'obéissance, ensuite, les jeter, avec la plus grande
confiance, en pleine bataille.

On ne doit mettre aucun militaire au défi de former
de bonnes armées, quand il ne manque pas d'hommes.
Car *le prince qui abonde d'hommes et manque de
soldats, doit se plaindre non de la lâcheté des hommes,
mais de sa paresse et de son peu de prudence.*

(Chapitre XXXVIII.)

Un capitaine doit être bon connaisseur des lieux.

Sans cette connaissance générale et particulière, un
capitaine ne peut faire rien de bon. Toutes les sciences
veulent de la pratique pour être parfaitement pos-
sédées; mais celle-ci la veut très grande. C'est par la
chasse qu'on l'acquiert plus que par tout autre exercice.

S'être familiarisé avec une région, c'est comprendre
avec facilité tous les pays nouveaux, car tous les pays,
et toutes les parties du pays, ont ensemble quelque

conformité, de sorte que, de la connaissance de l'un, on passe aisément à la connaissance de l'autre.

(Chapitre XXXIX.)

Employer la fraude (la ruse) dans la conduite de la guerre est chose glorieuse.

Encore qu'il soit détestable d'user de la fraude en toute action, dans la conduite de la guerre c'est chose louable et glorieuse, et celui qui vainc l'ennemi par la ruse est loué à l'égal de celui qui le vainc par la force.

Non pas la fraude qui fait rompre la foi jurée et les engagements conclus : celle-là peut donner quelquefois l'État et le trône, mais, par elle, on n'acquerra jamais de gloire. Non : je parle de celle dont on use envers un ennemi qui n'a pas mis sa confiance en vous, et qui consiste proprement dans la manière de faire la guerre.

Ce qui fait que *la via del mezzo*, le moyen terme, n'est point praticable à la guerre, c'est que *neque amicos parat, neque inimicos tollit;* « ni il ne prépare d'amis, ni il n'enlève d'ennemis ».

(Chapitre XL.)

La patrie se doit défendre ou avec ignominie ou avec gloire, et de toute façon elle est bien défendue.

Lorsque les Samnites firent à l'armée romaine encerclée les conditions les plus honteuses, les Consuls et les soldats s'en désespérèrent, mais Lucius Lentulus, envoyé en mission par Rome, dit qu'il ne fallait reculer devant aucun parti pour sauver la patrie. Pour la sauver, il fallait sauver sa seule armée. Même au prix de l'ignominie, parce qu'en la sauvant, on donnerait à Rome le temps d'effacer cette ignominie. Au contraire, en ne la sauvant pas, même si elle mourait avec la plus grande gloire, c'en était fait de Rome et de sa liberté.

Quand il s'agit absolument du salut de la patrie, il n'y a à verser dans aucune considération ni du juste ni de l'injuste, ni de l'humain ni du cruel, ni du louable ni de l'ignominieux : tout autre point de vue doit être abandonné : il faut suivre, quel qu'il soit, le parti qui lui sauve la vie et qui lui maintient la liberté.

Exemple tiré des paroles et des actes des Français. Il n'est rien qu'ils supportent avec plus d'impatienee que d'entendre dire : « Tel parti est honteux pour le Roi. » Ils répondent qu'aucune résolution du Roi ne peut être honteuse, dans la bonne ni dans la mauvaise fortune, car, qu'il perde ou qu'il vainque, tout, affirment-ils, est chose de roi.

(Chapitre XLI.)

Les promesses faites par force ne se doivent pas observer.

Exemple du Consul Spurius Postumus qui, mis dans ce cas, s'en tira en distinguant entre Rome et lui-même. Ils étaient bien obligés, disait-il, lui et les autres signataires de la paix. Mais non pas Rome. Qu'on l'envoyât donc aux Samnites comme prisonnier. Ils ne le retinrent pas; et il acquit par là auprès des Romains plus de gloire pour avoir perdu la bataille que Pontius chez les Samnites pour l'avoir gagnée.

D'où deux choses à noter : l'une, qu'*en toute action, on peut acquérir de la gloire; dans la victoire, ordinairement; mais aussi dans la défaite,* ou en montrant qu'il n'y a pas de sa faute, ou en accomplissant quelque exploit qui l'efface (*qualche azione virtuosa*); l'autre, qu'*il n'est pas honteux de ne pas tenir les promesses faites par force;* et toujours les promesses ayant trait à la chose publique, si elles sont faites lorsque la force manque pour résister, se rompent quand on le peut, sans honte pour celui qui les rompt. Ce dont il y a dans les diverses histoires de nombreux exemples; chaque jour encore dans notre temps (et dans le nôtre encore). Non seulement en n'observant pas entre les princes les promesses forcées, arrachées au défaut de force, mais aussi toutes les autres promesses, aussitôt que ne tiennent plus les raisons qui les avaient fait faire.

(Ceci est une maxime authentiquement « machiavélique », pensée et exprimée au moins à deux reprises par Machiavel, qui ajoute : « Si c'est une chose louable ou non, et si le Prince doit se comporter ainsi, c'est ce que nous avons longuement discuté dans notre traité du *Prince*. » — (Voir ci-dessus, p. 129, chapitre xviii.)

(Chapitre xlii.)

Les hommes qui naissent dans une province gardent dans tous les temps à peu près la même nature.

Les sages disent que qui veut connaitre l'avenir n'a qu'à considérer le passé, car tout en ce monde a, dans son temps, son pendant dans les temps antiques. Cela vient de ce que les œuvres des hommes, qui ont et qui auront toujours les mêmes passions, produisent nécessairement en tous les temps les mêmes effets.

Il est vrai que, dans tel pays, elles seront plus *virtuose* que dans tel autre, selon l'éducation que le peuple y aura reçue. On peut voir une nation conserver longtemps les mêmes mœurs, être ou continuellement avare ou continuellement fraudeuse, ou faire preuve d'un vice ou d'une vertu toujours semblable. (Exemples : les Allemands et les Français, « pleins d'avarice, d'orgueil, de férocité et d'infidélité », — les uns ou les autres; — la mauvaise foi de Charles VIII, qui avait exigé de l'argent des Florentins pour leur faire rendre Pise, et qui ne le fit pas (mais s'agit-il ici d'argent *promis* ou d'argent versé? la première légation de Machiavel en France autorise à poser la question); — l'empereur Maximilien, dont la parole ne valait pas mieux.) « Si Florence avait lu l'histoire ancienne et connu les anciennes mœurs des Barbares, elle ne se serait pas laissé tromper par eux, puisqu'ils avaient toujours été les mêmes et partout avaient agi de la même manière.

Nouvel exemple de la conduite des Gaulois. « Ainsi, les gens de France ont toujours suivi les mêmes errements, et l'on peut conjecturer par là combien les princes peuvent se fier à eux. » C'est Machiavel qui le dit. (Mais Guichardin, dans sa *Relazione di Spagna*, en a dit encore davantage de « la mauvaise foi » des Espagnols.)

(Chapitre XLIII.)

Les Samnites, expliquant aux Toscans pourquoi ils avaient pris les armes contre Rome, déclarèrent qu'ils s'étaient révoltés « parce que *la paix est plus lourde aux esclaves que la guerre ne l'est aux hommes libres.* » — (*Tite-Live*).

Quand un prince désire obtenir une chose d'un autre prince, il doit, si l'occasion le permet, ne pas lui laisser le temps de se retourner et faire en sorte que cet autre aperçoive la nécessité d'une prompte délibération : elle est prise lorsque celui à qui la demande est adressée voit que, de refuser ou de différer, naît une subite et dangereuse indignation. (Exemples : le Pape Jules II, les Vénitiens et le roi de France; Gaston de Foix et le marquis de Mantoue, qui, « saisi par la soudaineté de la décision », lui envoie les clefs qu'il réclame sans aucun droit.)

(Chapitre XLIV.)

Vaut-il mieux soutenir l'assaut de l'ennemi dans la bataille et ensuite le contre-attaquer, ou l'assaillir d'abord avec furie?

L'exemple de Fabius est plus sûr et plus digne d'être imité, plus imitable *(imitabile)*.

(Chapitre XLV.)

D'où vient qu'une famille, dans une cité, observe un temps les mêmes mœurs.

Différences non seulement entre une ville et une autre. mais, dans une même ville, entre les diverses familles. (Exemples, à Rome, des Manlii, « durs et obstinés », des Publicolæ, « bénins et amis du peuple », des Appii, « ambitieux et ennemis de la plèbe ».) Chacune a ses qualités (son caractère) qui la distinguent des autres. Cela ne peut venir seulement du sang, puisqu'il diffère, suivant la diversité des mariages, mais de l'éducation, différente d'une famille à l'autre. — Importance de l'éducation dans l'âge le plus tendre.

(Chapitre XLVI.)

Un bon citoyen doit, pour l'amour de la patrie, oublier ses injures privées.

Exemple : Fabius, malgré son ressentiment, se décide à nommer Manlius dictateur.

(Chapitre XLVII.)

Quand on voit un ennemi commettre une grande faute, on doit croire qu'un piège est caché dessous.

Car il n'est pas raisonnable que les hommes soient si imprudents. Mais souvent le désir de vaincre aveugle tant les esprits qu'ils ne voient plus rien que ce qui paraît travailler pour eux.

(Chapitre XLVIII.)

Une république, si l'on veut la maintenir libre, a chaque jour besoin de nouvelles mesures.

Il est inévitable que, dans un grand État, se produisent chaque jour des accidents qui réclament le médecin, et plus ils sont sérieux, plus le médecin doit être savant. Ainsi, à Rome, quand on put croire que toutes les dames romaines avaient comploté de tuer leurs maris, tant on en trouva qui les avaient empoisonnés et tant on en trouva qui avaient préparé le poison pour le faire.

Aux crimes d'exception, il faut des châtiments exceptionnels. Machiavel lui-même estime « la décimation » une peine terrible, épouvantable par la part qui y est faite au sort. (Je relisais ce chapitre, lors des mutineries militaires du printemps de 1917.)

Les crimes contre les particuliers produisent dans une république de mauvais effets, mais ne sont pas mortels, parce qu'on est presque toujours à temps pour les corriger. Mais on n'a pas le temps pour ceux qui regardent l'État, qui, s'ils ne sont pas immédiatement corrigés par un homme capable, ruinent la Cité. (Exemple de Quintus Fabius qui sut le faire, et, pour cela, mérita d'être appelé *Maximus*, Très Grand.)

(Chapitre XLIX.)

Ainsi, comme je l'ai remarqué pour quelques-uns de ses chapitres, le *Discours sur la première décade* lui-même, dans son ensemble, ne finit pas. Il n'y avait pas de raison qu'il s'arrêtât sur ce chapitre plutôt que sur un autre, et il eût pu continuer indéfiniment, ou, du moins, tant que Tite-Live lui aurait fourni de la matière.

Tous les sujets y sont mêlés. Aucune composition n'apparaît ou n'est suivie. Moins encore peut-être que dans l'*Esprit des lois*, qui, comme lui, est resté en l'air, sur le livre, qui n'est point à sa place, de la « féodalité ». Ce n'est pas peu dire, et, si c'est dire trop, ne disons pas « moins », mais « autant ».

Cependant, et par là s'explique le titre que

certains commentateurs ou traducteurs d'autrefois ont donné à ce grand ouvrage, le plus grand incontestablement, du grand Florentin : *Discours de l'estat de Paix et de l'estat de Guerre.* Là est l'idée maîtresse, la division fondamentale, l'ordre ; les deux premiers livres étant, en effet, généralement consacrés aux choses de la paix, le troisième aux choses de la guerre. — Paix ou guerre, tout y est, et, pour peu que l'on arrive à resserrer ces maximes multiples et éparses en un corps, c'est, pour tous les temps, — temps faibles et temps forts, — le *Trésor de la Politique.*

CONCLUSION

L'ESSENCE DU MACHIAVÉLISME

N'y aurait-il pas, dans Machiavel, autre chose à y ajouter encore? Sans doute, et je l'ai déjà indiqué (1), ce qui pourrait être recueilli dans les brèves introductions dont sont précédés les huit livres des *Istorie fiorentine*, — autre grand écrit, — notamment au livre II sur « les colonies » à implanter chez les peuples vaincus; au livre V, sur « les guerres qui commençaient sans peur, continuaient sans péril et finissaient sans dommage » ; au livre VI, sur « la fin que se proposent ceux qui entreprennent une guerre » ; au livre VII, sur « les divisions dans une république » ; au livre VIII, de nouveau sur « les conjurations, » sujet qui avait touché Machiavel dans sa chair et n'avait plus cessé d'inquiéter sa pensée.

(1) *L'Influence des idées de Machiavel,* cours professé à l'Académie de droit international de La Haye en 1925. Un vol. gr. in-8°. Paris, Hachette, 1926.

De même, il ne faudrait pas entièrement négliger les *Sept livres de l'Art de la Guerre*, — le troisième grand ouvrage de l'auteur du *Prince*, — malgré leur caractère le plus souvent technique. C'est ainsi qu'on y rélèverait, au livre II, chapitre XIII, des réflexions intéressantes sur les mœurs et les coutumes, dont Machiavel, qui n'est pas suspect, à cet égard, d'une excessive bienveillance (on l'a même accusé d'une partialité contraire), attribue l'adoucissement à l'influence de la religion chrétienne. Autrefois, fait-il observer, les vaincus étaient mis à mort ou gardés comme esclaves; les villes étaient pillées et rasées; les habitants dépouillés, exilés. Mais aujourd'hui, on ne tue plus guère de ceux qui sont vaincus. Le plus grand mal que le peuple ait à appréhender pour une guerre perdue, ce sont « les tailles » (les contributions). Cette observation et quelques autres ont permis de parler d'un apport des idées machiavéliques à l'histoire du droit international, collaboration qui laisserait encore à désirer, puisque Machiavel mentionne, au livre VI de ce même traité de l'*Art de la Guerre*, l'usage subsistant d'empoisonner les vivres et les boissons laissés à l'ennemi, ainsi que l'eau des puits; et si l'un de ses commentateurs les plus connus, Artaud, n'est pas trop sévère, il n'en manifesterait aucune réprobation (1).

Ce n'est pas tout. A y regarder de très près, on glanerait peut-être, en outre, une poignée de

____

(1) ARTAUD. *Machiavel, son génie, ses erreurs*. Deux vol. in-8°

maximes, de formules ou d'idées, dans les quatre volumes des *Legazioni* (26 « légations » proprement dites, 16 commissions (*Commissarie* ou *Commissioni*, 4 « expéditions » *Espedizioni*, en tout 46 missions officielles remplies durant les dix années de sa vie active), qui contiennent sa correspondance diplomatique (1); soit dans sa correspondance privée, *Lettere familiari* (2); soit, surtout, dans les notes rapides jetées en vue de la rédaction de son *Histoire de Florence*, desquelles plus d'une est un coup de griffe — *ab ungue leonem;* — ou bien, enfin, dans les *Opere minori*, les petits ouvrages, dans le *Chapitre de la Fortune* et le *Chapitre de l'Ingratitude*, dans les deux *Decennali*, dans l'*Ane d'or*, dans *la Mandragore* et dans *Clitie*. Mais ce qu'on ajouterait par cette recherche plus ample grossirait seulement le cahier et ne changerait rien. L'essence, la substance du machiavélisme, le machiavélisme authentique, original, capté directement à sa source, est bien dans notre abrégé. Encore une fois, je ne me flatte pas de l'y avoir fait entrer tout entier. Je conviens qu'en reprenant les mêmes textes, et en se donnant plus de champ, on pourrait y découvrir et y reporter bien des teintes ou bien des nuances. Mais non pas bien des couleurs; et l'on ne pourrait modifier les lignes. En conscience, j'ose dire que le machiavélisme est là,

(1) *Legazioni*, édition Passerini et Milanesi, quatre volumes, sur six, des *Opere di Niccolô* Machiavelli; Florence et Rome, tipografia Cenniniana, 1877.

(2) *Lettere familiari*, édition Edoardo Alvisi, Florence, G. Sansoni, 1883.

que voilà « le machiavélisme » de Machiavel ; que
de cela, Machiavel a la gloire, l'honneur, ou la
charge et la responsabilité, non pas d'autre
chose, car il n'y a pas dans toute son œuvre,
substantiellement, essentiellement, autre chose
que cela, sous cette forme ou sous une autre ; et
tout ce que trois siècles ont prêté de plus à ce que
l'on nomme maintenant de son nom n'est pas de
lui, si même ce n'est pas contre lui.

FIN DU TOME DEUXIÈME

Ébauche d'un corps
de maximes machiavéliques.

PARIS

TYPOGRAPHIE PLON

8, rue Garancière

1934